當越南王子走進彭瑞麟照相館

一張照片背後不為人知的台越歷史

洪德青·著

推薦序
再也不用感到抱歉

彭雅倫

隱蔽的暗湧

德青老師總是自謙非學者亦非專家，然因其自身獨特的外交閱歷，使她一向專業，在與時代錯身的洪流中，獨自追尋著隱蔽的暗湧*，持續將人類時間行進序列中的歷史事件，書寫為可供我輩讀者辨識的脈絡與變遷。

二〇一四年德青老師將其著作《南向跫音：你一定要認識的越南》的版稅，挹注

＊《何謂歷史》，愛德華．卡爾，江政寬譯，臺北：五南圖書，二〇一三。

於二〇一六年與越南相關的系列講座中，開啟了她認識本書主角彊柢王子的機緣。而後在一本日人所著的書籍中發現彊柢王子的照片，原來是由台灣攝影家彭瑞麟拍攝的。

於是德青老師以攝影家彭瑞麟於一九三〇年代，在大稻埕的阿波羅寫場為彊柢王子拍攝的一張照片為起點，於二〇二〇年在網路發表專文，還原台灣與越南二境人民與官方接觸少被提及的歷史現場。再由這篇深獲讀者喜愛的文章啟始，往下深掘抵達史前時間的斷面，在《當越南王子走進彭瑞麟照相館：一張照片背後不為人知的台越歷史》本書中，引領讀者跨越國境的界線，來到日本與法國，見證百年前一介台灣平民的個人生命經驗，如何與背負復國使命的越南王子交織一命，涉入二戰時局紛擾中驚心動魄的外交旅程。

潛入環繞台灣島嶼的深海

因為作者專心致志地書寫，讓我輩讀者好似比過去一個世代，更加接近祖父母輩的時代。當我們翻閱作者筆下的書頁時，「新的景象、新的視角也就不斷地出現」，這也是我最初開放「彭瑞麟資料庫」時，最為期待但同時也無從預料的風景。

身為彭瑞麟最小的孫女，我沒有與之相處的童年回憶，但是將阿公身前留下千餘筆書信、書籍、明信片、日記、照片與底片等掃描、翻譯、編碼為文史資料，再田調口訪與拍攝紀錄相關人士的口述歷史故事，並將過去學者專家評述彭瑞麟作品的文章、新聞、期刊、論文、書籍的文字等，一併整理在每一份文史資料裡……；這一路與夥伴先好共同建立「彭瑞麟資料庫」的過程，讓我們與阿公更加靠近，彷彿走入阿公的生命裡。

而後我們也將建置達到階段性成果的資料庫，開放授權給專業工作者，其中包括了本書作者，洪德青老師。從二〇二〇年起，我與德青老師的訊息往返，經常是在指認資料庫裡影中人的背景身世與時代人物的相遇故事，又或者嘗試確認這封書信中的隻字片語與上本日記裡的草寫塗鴉的關係連結。「不管誰去注視思索普遍規則與事實的整體關聯，其中並沒有什麼特別的意外看起來值得研究。在人類諸般事物的大海裡，從岸邊看過去，經常只能看到平滑的表面，幾乎不起一絲波紋，終端處是一條永恆的地平線。但是，滑向海洋，當漁夫的小船為之高舉，波浪此起彼伏，他確信看到了環繞週遭的高山和峽谷。」*人是浩瀚神秘的水世界，歷史更如暗流變換，沈潛其中，才有可能觸及了人類與其所處時代，都未曾抵達的諱莫縱深。

再也不用感到抱歉

我與德青老師的第一次會面，是三年前在淡水線捷運站旁的連鎖咖啡店裡，當時每個桌前都端坐著懷揣不同心事的人們，有保險簽約的要務在身，也有眉頭緊鎖的卜卦者。雖然是初次相見，但是德青老師其人其言散發的能量，讓在店裡因為冷氣發抖的我，握著洋甘菊茶的手，也逐漸平靜了下來。話題聊到著手建置資料庫，是我遭逢母喪後開始的，老師因而分享著她身兼母職也堅持書寫的心路歷程。見面後到了家，老師的訊息傳來，鼓勵我，「毋需一直，懷抱著遺憾」，她相信若我的母親還在，也會這樣希望的。

而後幾年，我們維持書信往返，老師時不時與我交流書寫的心得以及對於出版的想像，我也關心著老師如何從異國生活汲取養分與攻克其中的關卡。於我而言，那杯捧在手心的溫熱依然持續著。記得一次老師提到描繪歷史人物的過程中，可能走入將之塑造為「英雄」的誤區；又或者書寫所謂大眾史與故事小說的分界，以及受到學界認可的嚴謹與吸引讀者的有趣能否兼顧。雖然，「在台語裡，陳述過去的事——『講古』，就是『說故事』」[†]，但是，以台灣島上人民為主體的歷史書寫，其本身的歷史，仍在建構發展的階段，仍有諸多可供討論的空間。

在閱讀完《當越南王子走進彭瑞麟照相館：一張照片背後不為人知的台越歷史》之後，我不禁想起，或許我們可以將認識歷史的過程，視作閱讀一本又一本「人類生活」的小說，而「人類的生活無非是『企求敘事的生活』（life in quest of narrative）」[‡]，等待著將被書寫的生活，期盼在訴說自己語言的地方得到承認。

---

* 《歷史之名》，賈克．洪席耶，魏德冀、楊淳嫻譯，臺北：麥田出版，二〇一四。

† 《島史的求索【台灣史論叢　史學篇】》，張隆志，曹永和，周婉窈，吳密察，許雪姬，杜正勝，王世慶，施添福，戴國煇，柯志明，陳其南，臺北：臺灣大學出版中心，二〇二〇。

‡ 同上。

當一本書的作者，潛入環繞台灣這塊島嶼周圍的時間洪流中，將目光投向不為人知的歷史事件，獨自追尋隱蔽其中的暗流脈動，嘗試打撈無名眾生終究埋沒的勞動，或許正是這樣的書寫，以台灣島嶼的土地和人民為主體開展台灣與世界的對話，就在此時此刻，作者不用為了自己竟然在說有趣的故事而感到抱歉，而我們終能擁有一個接著一個屬於台灣人的故事。於是，生活在這塊土地上的人們，也終於可能期待著，將自己從未盡之業抱持的遺憾之中解放出來，那一天的到來。

自序

二〇一四年的時候我曾將《南向逆音：你一定要認識的越南》版稅收入捐給「外婆橋計畫」，當時這個計畫由方新舟、張正、廖雲章共同主持，是一個贊助新台灣之子暑假回外婆家的文化尋根活動，可惜那年越南組最後並未成團，隔年又因移民署等政府單位正式接管了這項計畫，我的捐款就這樣被冷凍了好幾年。

到了二〇一六年，張正將我的捐款用來舉辦一系列跟越南有關的講座，邀請各領域專家到「燦爛時光東南亞書店」熱鬧開講，從人間四月天辦到八月桂花香，總共辦了二十場。當時我人在美國，樂得透過 YouTube 收看各路人馬臥虎藏龍的精彩觀點，在黃宗鼎教授那場講座，我第一次聽到日治時期有個叫彊柢（Cường Để，音強底）的越南皇室成員來過台灣，黃教授也展示兩張越南人在台北的生活照片。後來我又聽到另一位講者文物收藏家許燦煌先生，提到當年他在越南的拜把兄弟是彊柢的後代！彊柢是誰？怎麼這麼神通廣大？跟台灣緣分好像不是普通的深？

從一張照片發現台灣攝影師與越南王子的故事

幾年後，無意間瀏覽到一本日文書《「安南王国」の夢—ベトナム独立を支援した日本人》，裡頭有一張彊柢與家人在台北拍攝的照片，我記得在中研院典藏台灣網站與客委會客家雲網站都看過，印象中攝影師是一位彭姓台灣人，我當時心裡一震，趕緊上網查證，賓果！掌鏡的人叫做彭瑞麟。從彭瑞麟拍攝彊柢以及其他越南人的照片來看，日治時期台灣人與越南人的交往遠比我想像中熱絡親密，我感覺他們之間不單只是拍照付錢、銀貨兩訖那麼簡單的事而已，背後應該有段故事，我非常好奇他們是怎麼認識的？那些富含時代感的照片背後，是否交織了某種神祕又陌生的譜系？

於是我試著上網找尋資料，發現澳洲學者陳美文（Trần Mỹ Vân）、日本學者白石昌也、立川京一等，不約而同都曾提到越南王子彊柢來台開辦越南語廣播的紀錄，反倒是台灣自己對這段歷史完全沒有紀錄，外國學者們引用彭瑞麟拍攝彊柩的照片，但他們不知道（或者沒註明）照片出自一位台灣攝影家，這讓身為台灣人的我，找到了書寫切入點。

極可能是台灣外交攝影濫觴

之後我在天下獨立評論與故事網站的專欄發表了越南王子與台灣攝影師的文章，希望讓更多人知道八十年前這段涉及二戰時期台灣國際關係與民間外交的歷史，結果我的文章居然成為故事網站年度熱門文章，還獲頒獎狀與紅包，真是「史料」未及的驚喜，可見讀者對這個主題頗有共鳴。

近年彭瑞麟在日治時期的攝影功勳受到更多人的研究與關注，關於他的事蹟也逐漸被大眾憶起，不過我相信應該還沒有人從「外交」的角度來談論他。我根據彭瑞麟家屬提供的數本寫真相簿資料整理出他的生平故事，對照一九四〇年代的東亞地緣政治，推敲出擁有日本宮內廳攝影資格的彭瑞麟，曾在大稻埕創立「阿波羅寫真館」的他，不僅是台灣第一位攝影學士、第一位攝影教育家，極可能也是台灣第一位負責外賓紀實攝影的外交攝影家！

我相信彊柢住過台灣的事情，很多台灣人與越南人都不知道。感謝彭瑞麟的後代完整保留了多張這位越南王子清晰的照片與親筆信箋等，讓台灣人可以用國際關係的角度，重新定義彭瑞麟這位前輩攝影家。

我們都清楚越南自一九七五年北越解放南越後，與台灣關係不再如之前南越時代那般親密，越南礙於國際現實與中國壓力，對於台越交流無法高調，不過台灣見證了彊柢來台開辦廣播的歷史，更保留了大量南越時期的史料與照片，越南雖然屬於共產政權，但他們很早就與國際接軌，融合了法國、美國、俄國還有更早的中國、印度等文化，即便過程充滿血淚卻也造就越南人靈活彈性的性格面向。越南王子與台灣攝影師的人文風景重新出土，這段故事能否讓現在的台越關係建立新的連結？期望這本書有機會能讓越南人看看，他們應該會很訝異昔日皇族居然住過台灣，因而燃起興趣重新看待台灣這個飛行三小時的鄰居。

背後的插曲

當中有個插曲要提一下，因為彭瑞麟的照片在維基共享資源、客家雲、中研院典藏台灣等網站都可以找到，我誤以為照片屬於公共領域可以自由使用，忽略了授權問題。文章完成後，我透過臉書聯繫了之前並不認識的彭雅倫小姐，希望與她分享她祖父的故事，後來雅倫提醒我，她祖父的照片需要向她申請授權，幸好她很樂意授權，不然我的疏失可能涉及侵權，現在回想起來，也許彊柢與彭瑞麟冥冥之中保佑我化險為夷也說不定。謝謝雅倫在我寫作過程中一直提供我最需要、最開放的所有協助，還有楊先妤的史料回饋，真的非常感恩兩位美女，深深致意。另外也要感謝張辰漁和陳力航的鼓勵與資料上的幫忙。

自從二〇〇八年我離開越南後，至今已經有十五年沒再回去走走看看了，這些年跟著老爺東奔西跑，住過美國，回到台灣，接著又赴愛爾蘭。我們家在愛爾蘭遇到了極大的困境（還不包含染疫好在輕症），因此常常想起第一次外派時，我在傍晚胡志明市第七郡河邊，推著嬰兒車悠閒散步的無憂情景。本來二〇二〇年打算回越南一趟，老爺答應讓我拋夫棄子一個人單飛去越南，機票旅館差點訂下去，無奈全球COVID-19疫情延燒，出國變得有風險，越南之行只好一延再延，不知何時才能回去喝一杯我最愛的釋迦冰沙，並探望年事已高、煮的一手好料理的Miss Oanh。

無論站在地球哪條經緯線上，亞洲、美洲或歐洲，我的移動人生總是時時回望故鄉，每一次回望都帶著不同洲際的向度，重新看待台灣島嶼的驚人身世。我不是學術研究者，也不是歷史專家，只是一個常常在不同國家走路，走著走著會把一些事情串在一起的中年主婦，這次串起的故事有點龐大，橫跨台灣、越南、日本甚至法國四個國家，要整合這麼多語的資料對我來說並不容易，也一定有所疏失，我能做的僅是將這段歷史做一個階段性的整理，希望發表之後能夠拋磚引玉，期待日後更專業的歷史學者或有心人士繼續探究台越之間曾有的交流點滴。如果你發現本書內容有不周全或錯誤的地方，歡迎告知，請不吝指正，力有未逮之處也請多包涵。

寫於愛爾蘭都柏林

目次

Chapter 1

台越千年回眸

Chapter

2

越南王子畿外侯彊柢

Chapter

3

台灣第一位攝影學士彭瑞麟

Chapter 4

當越南王子走進彭瑞麟照相館

Chapter 5

戰後的離人與歸客

附錄

Chapter 1

台越千年回眸

史前南島海上玉路

在解開越南王子彊柢跟台灣攝影師彭瑞麟是怎麼認識、如何互動的謎底之前，我想先從更久遠的星辰往事談起，因為所有的遇見都不是偶然發生，都有其因緣脈絡下的交織碰撞。

台灣與越南最早的接觸紀錄可以追溯到史前時代，南島語族是全世界分布最廣的海洋民族，約有四億人口，台灣原住民就屬於南島語族的一分子。南島語族主要範圍北起台灣，南到紐西蘭，東至夏威夷及復活節島，西達非洲馬達加斯加島。雖然台灣的南島語族只有五十萬人口，但卻保留了南島語言最古老的字根與發音，因此台灣被視為全球南島語族最早的發源地。而越南也有南島語族，最具代表性的就是分布在越南中南部曾建立占婆王國的占族（Cham）。

根據考古學者洪曉純的研究發現，越南本身並不產玉，但越南遺址卻出土了不少玉器，經過鋅元素含量分析，證實越南古玉屬於台灣花蓮所產的豐田玉，因此學者們推斷，早在數千年前的新石器時代，台灣原住民已擁有相當成熟的航海技術，他們在台灣與越南之間建立起一條海上玉路，能將台灣玉運送到越南甚至更遙遠的南方海岸進行貿易活動。如此說來，台灣東岸的原住民才是最早的越南台商，帶著玉，划著船，看著星星指路，早已冒險犯難南向了幾千年。

越南唯一女帝遺族逃到台灣

西元一二二四年越南歷史上唯一的女皇帝李昭皇（Lý Chiêu Hoàng）正式登基，當時她年僅六歲。李昭皇的父親患有精神癲癇疾病，認為李昭皇能「以一陰而御羣陽」所以傳位給她。不過隔年她在輔佐大臣陳守度的安排下，先與陳守度的姪子陳煚（Trần Cảnh）成婚，兩人當時只有七歲，然後再被安排將皇位讓給丈夫，從此李昭皇代表的李朝全數滅亡，而陳煚代表的陳朝正式興起。李昭皇在位時間僅一年而已。古代改朝換代免不了清算前朝株連九族，李朝皇室遺族多遭陳守度無情殺害，只有嫁入陳朝的李昭皇與其姊逃過一劫。

根據越南作家武玉田（Vũ Ngọc Tiến）的研究指出，西元一二二六年李昭皇的家族尊長李龍祥（Lý Long Tường）為躲避陳朝的追殺，率領族人分乘三船，攜帶皇冠、龍袍、尚方寶劍等逃離越南。在海上漂流一個月後遇到颱風，傳說最後幸運地漂流到台灣登陸上岸。此時李龍祥的兒子李龍憲（Lý Long Hiền）病體虛弱，李龍祥不得已只好把李龍憲留在台灣，並派了兩百名族人在台灣照顧他，其餘人跟著李龍祥繼續出海航行，最後他們一路北上到達高麗，後來李龍祥成為韓國史上著名的花山李氏始祖，一九五八年南韓總統李承晚訪問越南時曾自稱祖先來自越南，也許就與這段歷史有關。

至於滯台的李龍憲與其餘越南李氏皇族是否從此在台灣落地生根？或者前往第三地？目前無法得知，需要更多研究才能解謎，無論如何有學者認為早在西元一二二六年就有一批越南皇室到過台灣的紀錄，而這項紀錄似乎也暗示了日後台越發展的模式，例如被法國人通緝的阮朝王子彊柢（Cường Để，彊音強，柢為柢的古字）跑到台灣開辦廣播，還有越戰結束後南越總統阮文紹（Nguyễn Văn Thiệu）流亡來台住在天母石牌一帶，似乎都重演了這樣的遷徙巧合。

回頭來說說李昭皇後來曲折離奇的人生。陳朝建立後，七歲的李昭皇不再是女皇帝，成為越南史上最年輕的皇后，後來與陳煚陳太宗生下了皇子但不幸夭折，此後未能與陳太宗生育。陳守度便以十九歲的李昭皇無法生育的理由，將她廢后降格成公主，再安排李昭皇的親姊姊、也就是陳太宗的兄嫂，代替李昭皇與陳太宗傳宗接代，此舉差點造成陳朝皇室兄弟反目，李昭皇就這樣從女皇帝被貶為公主再變成邊緣人。一直到她四十歲，陳太宗才把李昭皇這位前妻，許配給英勇抵抗蒙古入侵的將軍黎輔陳（Lê Phụ Trần），之後她與黎輔陳生下一子一女（當初是誰說她不能生育）。李昭皇六十一歲過世時據說髮色仍烏黑，嘴唇如丹蔻，臉頰似櫻桃。而陳煚陳太宗在位三十三年，成功抵抗蒙古入侵並大力推廣佛教，一般越南史家給予他正面評價。

淡水紅毛城的越南守軍

到了大航海時代，台灣與越南都因為歐洲人開船繞著地球跑的關係，不約而同沾染了荷蘭色彩。越南歷史充滿了「被國際化」的血淚，早在十七世紀，荷蘭與葡萄牙就分別插手越南北部與南部的內戰，史稱「鄭阮紛爭」（Trịnh-Nguyễn phân tranh），這段期間荷蘭人替台灣引進最早一批的越南移工，這一切都跟荷蘭東印度群島總督安東尼．范．迪門（Antonio van Diemen）有關。

擁有四百多年歷史的台灣一級古蹟紅毛城裡面，鑄有一尊坐著的古代荷蘭人雕像，他就是范．迪門總督，也是下令趕走西班牙人、全面占領北台灣的人。范．迪門總督不僅是荷蘭在遠東殖民勢力的奠基者，也是全世界海洋史的關鍵人物，當荷蘭人從西班牙人手中重建了位於淡水河出口的要塞堡壘之後，就以總督的名字安東

影響了台灣史與越南史的荷蘭東印度群島總督安東尼．范．迪門。

尼來為城堡命名，聖安東尼堡就是紅毛城的前身。

國土地形狹長的越南，在十七世紀爆發了史上著名的內戰「鄭阮紛爭」，北方的鄭主與南方的阮主，兩邊家族從一六二七年一直打到一六七三年。鄭阮紛爭初期，南方阮主使用葡萄牙人提供的武器，多次擊敗北方的鄭主，北方的鄭主為了取得勝利決定向荷蘭人求助，因此寫信給范．迪門總督希望他能派出兩百名弓箭手，並提供船艦、大砲、士兵等來幫忙對抗阮主，鄭主也向荷蘭人承諾日後將把廣南地區（Quinam，今越南中部一帶）割讓給荷蘭人統治。於是范．迪門總督派兵幫助北方鄭主，尷尬的是擁有強大海上武裝配備的荷屬東印度公司，竟然屢次都無法攻破葡萄牙支持的南方阮主。

根據西班牙學者鮑曉鷗（José Eugenio Borao Mateo）與邱馨慧的研究顯示，荷蘭人為了報復久攻不破的阮主，就從阮主所在地廣南抓了一批廣南人，把他們送來荷屬福爾摩沙也就是今天的台灣為奴，這些被抓來台灣的越南人在一六四二年曾幫助荷蘭人平定台灣原住民反抗。一六四四年紅毛城興建完成之後，根據荷蘭學者華特．海勒勃蘭（Walter Hellebrand）的研究指出，有些越南人被派去戍守紅毛城，當年七十一名守軍中就有九名是越南人，另外有些越南人一六四五年時又跟著荷蘭人參與了台灣東岸的金礦探勘與高山踏查活動。

之後荷蘭人不再插手鄭阮紛爭，開船離開了越南。「鄭阮紛爭」歷經百餘年的南北對峙，終於在西元一七七一年被西山朝進一步統一了南北，而被西山朝消滅的阮主就是越南最後一個王朝阮朝的前身。巧合的是當年鄭阮紛爭的疆界，與後來越戰時期劃分北越和南越的北緯十七度線非常接近。

澎湖進士蔡廷蘭的越南漂流

台灣與越南的關係到了清代，發展出更鮮活真實的官方紀錄。澎湖進士蔡廷蘭漂流到越南的傳奇經歷堪稱「台版魯賓遜漂流記」，他的名字還被越南國史《大南寔錄》記載下來，越南人為避皇室名諱因此把他的名字改為蔡廷香。

蔡廷蘭的祖先來自金門，明末時移居澎湖，蔡廷蘭在澎湖長大，少時考取秀才。

一八三二年（道光十二年）澎湖發生饑荒，三十一歲的他曾上奏朝廷，成功幫鄉人爭取到紓困賑濟，其後便到台南任教。

一八三五年秋，三十四歲的蔡廷蘭去福建參加鄉試結束，準備跟弟弟從金門搭船返回澎湖。途中遭遇颱風，經過五、六日海上漂流後，幸運地在今天越南中部廣義省海邊獲救，獲救那天是農曆十月十五日。蔡廷蘭在《海南雜著》中對這場船難的描寫從媽祖旗、芋頭、安南到甘蔗檳榔，非常精彩生動：

> 移時，媽祖旗飄動，風轉東北，叫嘯怒號，訇哮澎湃……余淹仆，自分必死，家弟手一繩，泣令束腰間，強扶掖出船上，俯伏告天乞命，舟人悉嗷咷大慟。……舟始穩，隨波泛泛若輕鳧。因視水櫃，水將盡；封閉禁勿汲，旦晚兩餐取鹹水蒸芋為食。余焦燥，思水不可得，日啖芋孫半枚，然亦竟忘饑渴……逾四、五日，見白鳥飛翔，遙望浮雲中黑痕隱隱一線，粘水不動，大類山形。越宿破曉，見一漁艇過呼問，語不可解，指書「安南」二字。少頃，又一小艇來，中一人能華語……遠望平疇千頃，禾稻油油。人家四圍修

竹，多甘蔗、檳榔，風景絕類台灣。

文中提到的安南就是今日的越南。越南官吏找來會說閩語的翻譯，聽到蔡廷蘭兄弟逃過一劫的過程，眾人無不嘖嘖稱奇，因為此處海域布滿暗礁，連當地漁夫也未必有這種福氣。越南官員得知蔡廷蘭有讀書人身分，便以禮待之，招待食宿，贈與旅費，並護送他一路向北陸行。蔡廷蘭在越南中北部步行了四個多月，沿途與地方官吏用漢文筆談，或與懂閩語的華人口語交談。

一八三七年農曆除夕那天他抵達順化，看到貨物豐備，廬舍整齊，規制壯麗的越南皇城，本想在隔天大年初一求見明命皇帝（Minh Mạng），但東閣大學士關仁甫以他若見了皇帝反而會被強行慰留為由，婉拒了他的請求，因此他最終沒有見到帶領越南阮朝達到國力最強盛時期的明命皇帝。

經過一三八天深入越南民間生活的體驗，蔡廷蘭終於在一八三七年春天平安返回澎湖老家，三十六歲的他為這段奇遇寫下了著名的《海南雜著》。大難不死必有後福的他，在四十五歲那年高中舉人，成為澎湖史上唯一進士，史稱「開澎進士」。根據

蔡廷蘭像，出自清代呂世宜繪《風塵萬里客圖》。

澎湖文史工作者高啟進的研究指出，《海南雜著》這本書在清代不僅被印製了四刷，甚至還被北京的俄國東正教傳教士翻譯成俄文，一八七八年法國人看到了俄文版的《海南雜著》於是再將它翻譯成法文，一九九三年《海南雜著》又被譯成日文，一九九九年又出版了越文版。

《海南雜著》歷經百餘年不衰，是清代台灣府唯一一本海外見聞錄，目前擁有中、俄、法、日、越等五國語言譯本，蔡廷蘭若地下有知，會感謝那段越南經歷讓他成為台灣第一位揚名國際文壇的鼻祖級作家。

越南志士曾拔虎求助台灣民主國

從十九世紀中葉開始，越南人對抗法國殖民是一條漫長的艱辛之路，其中台灣也扮演過角色。在劉永福擔任台灣民主國大總統的十多年前，他曾經在一八七三年中越邊界統領黑旗軍，幫助越南阮朝嗣德帝（Tự Đức）對抗入侵河內的法軍。越南抗法志士曾拔虎（Tăng Bạt Hổ）十四歲時加入了劉永福在清法戰爭中領導的黑旗軍，他與清軍曾共同在中越邊境抵抗法國人。

根據越南作家陳明德（Trần Minh Đức）文章指出，一八九五年三十七歲的曾拔虎希望從國外援引更多抗法力量，於是坐船來到台灣，想要尋求他的老長官，也就是台灣民主國大總統劉永福的幫助。但台灣適逢日軍接收之際，情勢混亂，劉永福擔任大總統僅短短百餘天，在政權交替時偷偷逃離台灣跑回中國，曾拔虎遍尋不著劉永福，最後只好不了了之離開台灣。由此可知，早期越南對抗法國的志士們，把台灣當成他們海外革命的中繼站，對台灣的認知有其地緣政治的考量。

曾拔虎來台求助不成，轉而跑船成為水手（日後越南許多革命家都循此模式，包含胡志明），他去過泰國、中國、日本等地，由於經常出入橫濱，他學會說日語。一九〇四年日俄戰爭爆發後，他出於對歐洲白人的仇恨，主動以五十六歲的高齡之姿加入日本海軍，在大連和旅順立下戰功，獲得明治天皇親自召見。當時他拿著明治天皇御賜的酒杯激動地說：「我雖不是日本人，但看到日本戰勝俄國，內心非常澎湃，我們越南人何時才能趕走法國人呢？」當時在場的犬養毅、大隈重信等重量級人物聽到這番話都為之動容，對於越南抗法之路深表同情，也埋下後來日本政府將眼光望向南洋事務，主動資助流亡海外的越南革命人士。

曾拔虎回到越南後，結識了小他一輩的潘佩珠（Phan Bội Châu）以及更年輕的越南皇室代表彊柢。沒多久曾拔虎去世，他未完成的抗法革命志業，就交由潘佩珠與彊柢等人繼續傳承下去。

《臺灣日日新報》的越南小說

日治時期的文人李逸濤，活躍在台北太平町大稻埕一帶，與林獻堂、連橫、顏雲年等人相熟，他也是當時第一大報《臺灣日日新報》的記者。李逸濤曾在一九一〇年以抗法的越南志士作為他的小說人物主角，創作了〈亡國志士〉與〈恩怨寶鑑〉兩篇小說，刊載在漢文版《臺灣日日新報》上，當時越南人在法國殖民統治下的慘況連台灣記者都時有所聞，甚至以此作為小說主題。

根據林以衡的研究指出，〈亡國志士〉描述越南革命主角黃氏遭到法國人追緝，於是使用化名東遊日本，其後又逃到中國。有趣的是，李逸濤在文末竟感嘆黃氏沒有逃到台灣，可能有感於台灣與越南均處於被殖民的地位，內心多少有一些對外來統治者不滿的暗喻投射。李逸濤另一篇小說〈恩怨寶鑑〉，則是描述越南人阮進士與其子阮光國對抗法國殖民的故事，父子揭竿起義卻失敗，只好逃亡海外，期間受到美籍副船長搭救，又漂流到一個黑人島，歷經千鈞一髮，最後阮光國決定環遊世界，不知行蹤。李逸濤的越南小說最後對於主角命運都沒有明確交代，採開放式結局，應是在日

《臺灣日日新報》，原址約在今日台北市中華路、衡陽路交叉口一帶。

本人統治下，他對被殖民者起身反抗這類的主題有其謹慎的表達。

李逸濤這兩篇越南小說，看似辛巴達航海般的冒險奇幻，好像主角們可以一邊逃亡海外，一邊化險為夷，又一邊遊歷世界，但小說背後其實都可以找到真實對照的越南皇室人物，像是被法國人流放到阿爾及利亞的咸宜帝（Hàm Nghi）、被流放到留尼旺島的成泰帝（Thành Thái）與維新帝（Duy Tân），以及下一章即將登場的越南王子畿外侯彊柢。

Chapter 2

越南王子畿外侯彊柢

從皇室王子到維新會領袖

一八五八年當法國與西班牙聯合艦隊駛入峴港（Đà Nẵng）那一刻起，越南就逐漸落入法國殖民。當時法屬印度支那總督對於這塊介於印度與中國之間的殖民地（包含今日越南、柬埔寨、寮國），實行極為嚴苛的統治手段。法國人壟斷鹽、酒、鴉片，卻又規定每個村莊要消耗一定數量的鹽、酒、鴉片，並把價格提高數倍再施以嚴苛賦稅。越南人原有的文字、語言、傳統遭到強勢剷除，彷彿被霸凌般痛苦不堪，於是一波又一波的抗法運動不斷湧起。

一九〇三年，三十六歲的知識分子潘佩珠（Phan Bội Châu）決定前往順化皇城，請求越南皇室有所作為。潘佩珠透過其他愛國志士的牽線，在順化安庫河畔認識了年輕熱血、相貌堂堂的阮福民（Nguyễn Phúc Dân），人稱畿外侯彊柢（Kỳ Ngoại hầu Cường Để。彊柢音強柢）。彊柢是越南阮朝開國君主嘉隆帝（Gia Long）的嫡系子孫，屬於長房長曾孫系統。彊柢的父親阮福英汝（Nguyễn Phúc Anh Nhu）曾兩度被法國殖民政府圈定為傀儡皇帝人選，但阮福英汝以年事已高為由，拒絕了法國人的

越南王子畿外侯彊柢幼時的照片。

安排，可見內心具有愛國情操與民族意識。彊柢被後來的同慶帝（Đồng Khánh）封為畿外侯，從「外」這個字的頭銜可顯示他完全不在法國人屬意的皇親貴族之列。

彊柢從小在順化皇城長大，他的父親曾語重心長對他交代：「兒啊，我們這輩人是無力抵抗法國了，你是皇室年輕一輩中最正統的代表，以後一定要替越南爭一口氣。」大約在台灣成為日本殖民地之後，阮福英汝去世，十四歲的彊柢遵照父親遺願扛起復國大旗，靠著廣泛閱讀古今中外軍事將領的傳記，建立知識系統，對於擊退蒙古人的越南英雄陳興道（Trần Hưng Đạo）、諸葛亮、豐臣秀吉、俾斯麥、華盛頓等人事蹟涉獵頗深，年少時已嶄露對政治軍事極大的興趣。

當二十一歲的彊柢遇到三十六歲的潘佩珠，兩人一見如故，熱切地討論國家大事。他們明白越南想要脫離法國統治必須得到外國援助，否則單靠越南自己的力量是無法打敗武器精良的法軍。隔年一九〇四年彊柢決心離開皇城正式投身抗法的革命運動，與潘佩珠在廣南成立抗法組織「維新會」（Duy tân Hội），結識了二十多位愛國志士，日後都是越南獨立運動的要角，因為彊柢是皇室成員中最富使命感也最具愛國意識的青年代表，因此被潘佩珠等人推舉為越南維新會的精神領袖，地位崇高。

順化皇城舊照。

東遊運動——成爲蔣介石的學長

二十世紀初最熱門的一條國際新聞就是日俄戰爭，這群維新會青年思考著，如果連日本人都敢跟俄國人正面對抗，那麼越南應該可以效法日本精神對抗法國才對。一九〇五年日俄戰爭結束，日本獲勝，日本經此一役晉升世界強國，是亞洲第一個打敗歐洲的國家，民族自信心與國際地位大增，台灣也邁入日本殖民第一個十年。

彊柢對於日本打敗俄國的消息感到振奮雀躍，他非常認同潘佩珠號召越南青年去日本留學的「東遊運動」（Phong trào Đông Du），認為男子漢大丈夫不應耽溺於皇城喝蓮子茶、議論時政、紙上談兵而已，應該要學習日本人的軍事政治制度以對抗法國人。不過這樣一來，他得從養尊處優的王子殿下，變成法國人追緝的頭號通緝犯，更要面臨拋妻棄子可能生離死別的風險，他的妻子當時肚裡正懷著他第三個孩子，但他義無反顧跟維新會的同志說，為了保護祖先宗室我必須有捨棄皇宮妻兒的決心。

一九〇六年初，二十三歲的彊柢打扮得像個燒鍋爐的工人，從海防（Hải Phòng）登上一艘法國輪船充當一名燒鍋爐工人，當他在日本橫濱下船的那一刻，對未來充滿了希望。那時，胡志明十五歲，而越南末代皇帝保大（阮福晪）還沒出生。論革命，彊柢比胡志明資深是他的前輩；論皇統，彊柢是越南開國嘉隆皇帝的直系血親，比保大的旁系血親更加正統。彊柢離開後，他的妻兒就被法國人囚禁在監獄長達十四年。

彊柢赴日後，為躲避法國大使館對他的監控追緝，偽裝成中國留學生，使用中文化名。越南皇室養成教育均以漢字為官方文書語言，因此他幼年時已學會漢字讀寫，後來他在歐亞江湖走闖時，成為法國黑名單裡最難抓的天字第一號通緝犯。

他先到東京同文會，進入專收中國留學生的振武學校就讀，有趣的是，我們的老蔣總統年少時也在振武學校留學，按入學時間算來，蔣介石比彊柢小兩屆，搞不好當年蔣公在學校走廊遇到他，還得畢恭畢敬的喊聲「賢拜」（せんぱい），當然蔣介石並不知道這位學長真實身分是搞革命的越南王子。

之後彊柢轉到早稻田大學政治學研究部讀書，後來他能說得一口完美流利的江戶腔日語，應該就是在這所名校學的。越南維新會發起的這波「東遊運動」共有三百名學生赴日留學，每次有新同學來，彊柢總是熱情接待，每逢周日，越南留學生都會聚集在彊柢與潘佩珠的租屋處閒話家常，或議論時事或抒發思鄉情懷，房東太太曾形容他們聚會房間常傳出小提琴或吉他音樂。

彊柢與潘佩珠在東京時期，經常靠著寫信、明信片等文字方式，把海外訊息偷偷傳遞回越南，這些文字影響了不少越南菁英階級與民族主義者，特別是經濟較為富裕的南方湄公河三角洲的高臺教（Đạo Cao Đài）與和好教（Phật giáo Hòa Hảo）信眾，教徒們得知王子在遙遠的東方領導革命，大受感動並慷慨解囊傾力支持。潘佩珠日後回憶這兩年歲月曾感慨的說，他與彊柢還有一票年輕人在東京那段日子，是他一生中最快樂、最驕傲、最朝氣的黃金年代。

二十五歲的彊柢（左）與四十歲的潘佩珠在日本時期的照片，約一九〇七年。

策動對法軍下毒事件

之後潘佩珠與彊柢等流亡日本的維新會成員，策劃了一場對法國人毒殺的計畫，企圖毒殺兩百名駐紮在河內的法國守軍，以便讓黃花探（Hoàng Hoa Thám）等革命人士順利攻擊印度支那殖民機構總部，這就是一九〇八年震驚法國殖民當局的「河城投毒事件」（Hà Thành đầu độc）。

一開始下毒過程順利，但因為劑量放的不夠，導致法國士兵在用餐後只是輕度中毒，沒人毒發身亡，事跡敗露後黃花探的同志們被抓，數百名越南青年因此被法國人送上斷頭台，法國人還把公開斬首的頭顱照片做成一系列驚悚的明信片。最後法國人動用了兩萬名軍力才抓到黃花探，此後法國人對越南革命分子無論國內或國外，改為採取一手棒子、一手胡蘿蔔的兩手策略，前後長達十年。

棒子的部分，當時法國政府正準備貸款給日本政府，於是法國趁機要求日本必須驅逐境內那批搞獨立運動的越南留學生，否則不貸。在法國大使館強力施壓日本下，隔年一九〇九年彊柢與潘佩珠雙雙被日本政府驅逐出境，越南「東遊運動」被迫中斷。

胡蘿蔔部分，自河城投毒事件之後，法國殖民政府也做出一些讓步，以平息法屬印度支那人民一波又一波的反抗運動，一九〇八到一九一八這十年間史稱「法越合作期間」（Pháp-Việt Đề huề），是一個比較溫和統治的懷柔時代，當時印度支那總督刻意特赦了參與河城投毒事件被判處死刑的潘周楨（Phan Châu Trinh），還讓潘周楨成為印度支那教育代表團前往法國。在此期間，法國人試圖通過懷柔政策安撫越南人心，一九一三年起增加了越南人民的政治參與空間，也任命第一位越南人公務員。而彊柢在法越合作期間，曾想透過和平談判的方式好好跟法國人取得共識，但最終這位越南王子還是拒絕與法方合作。

成立越南光復會

一九〇九年彊柢被驅逐離開日本後，有長達數年時間在全世界各地流亡，深怕被法國特務抓到。據說當時法屬印度支那當局列出十四位罪行重大的通緝名單，當中只有他與潘佩珠僥倖逃過。他去過上海、香港、新加坡，還在這些地方學英文，後來又去泰國待了一陣子，因為他的先祖嘉隆皇帝創建阮朝之前，曾帶領一批人流亡到暹羅，受到暹羅國王拉瑪一世的幫助，在曼谷近郊成立一越南村落，因此泰國有一群越南皇室移民。

一九一一年中國爆發了武昌起義與辛亥革命，不久清朝被推翻，一九一二年中華民國成立，正式終結了兩千多年來的帝制系統。彊柢一度把希望放在這個新創建的國家，他認為不只日本打敗俄國，連中國都革命成功了，那麼越南一定也可以。於是他到北京尋求袁世凱的幫助，也與段祺瑞接觸過，據說也與孫中山見過面，他與潘佩珠等人仿效辛亥革命成功的中國同盟會，在廣州成立了「越南光復會」（Việt Nam Quang phục Hội），彊柢被推舉為光復會主席，該會宗旨是要驅逐法國人，爭取越南主權，且不排除用武力對法屬印度支那政府施加壓力，甚至發動暗殺行動。越南光復會還發行紙鈔貨幣，印製革命債券，成立初期確實造成轟動，但後來法國向中國施壓，因此越南光復會成員無法在廣州繼續活動，且當時剛建立的中華民國沒有多餘的

一九一二年彊柢、潘佩珠在中國廣州成立越南光復會，此為越南民國光復軍發行的革命債券。

精力與財力資助越南革命，因此彊柢想依靠中華民國這個北邊鄰居的念頭只好打消。

之後彊柢也曾坐船去歐洲尋求各種可能的機會，足跡遍布法國馬賽、德國柏林，他曾喬裝易容，買槍防身，或上演旅館跳窗情節。在英國倫敦他還收到法屬印度支那總督沙露（Albert Sarraut）的來信，信中軟硬兼施希望他放棄革命念頭，早日回到越南與法國合作，他發現就算躲到英國還是有人身安全的問題，於是乾脆返回亞洲。

騙過法國特務的聚南樓午睡

一九一三年三十一歲的彊柢在新加坡偷偷登上前往越南西貢（今胡志明市）的商船，彊柢每次去西貢，都會祕密落腳在西貢碼頭旁的聚南樓（Chiêu Nam Lầu，原址位於今日胡志明市第一郡觀光客最多的步行大道阮惠街 Nguyễn Huệ Street 靠近西貢河那端），在那裡他可以好好休息一陣子，吃吃懷念的家鄉菜。

聚南樓老闆阮安姜（Nguyễn An Khương）一看到王子回國，立刻通報同志為他接風洗塵，席間眾人討論著如何在中國與泰國廣設海外救國基地，如何派遣年輕人到日本留學，如何讓地主商賈慷慨捐錢，如何啟蒙越南人的知識眼界，如何幫助被通緝的同志暫避風頭，如何傳遞指令或交送機密文件等，在聚南樓密會的人除了彊柢之外，神出鬼沒的潘佩珠也是常客。

說起聚南樓（一八九九－一九二六）這個「聚」集所有越「南」愛國志士的地方，在早期越南獨立運動扮演過相當重要的角色。老闆阮安姜出身書香世家，漢文與越南文造詣深厚，身兼漢醫、翻譯與教育家。一八九九年他在西貢碼頭旁一棟法式建築裡開設了裁縫店，由他的姊姊阮氏川（Nguyễn Thị Xuyên）與太太負責針線活。這對姑嫂手巧心細，服務態度又親切，加上阮氏川美貌出眾，氣質清麗，吸引不少人前來一睹這位南圻（越南南部）之花的風采，因此裁縫店生意非常好。

當時北中南各地的商人、地主、知識分子、愛國主義者來到西貢，都有住宿飲膳的需求，因此阮安姜把裁縫店的二樓改成旅館，他太太掌控內場提供美味佳餚，而他的姊姊阮氏川則負責外場招呼投宿客人，加上阮安姜與越南革命分子往來密切，讓聚南樓的名聲在江湖

這張明信片從西貢碼頭望向今日胡志明市的阮惠街，左方圓拱迴廊建築就是當年彊柢躲藏的聚南樓所在地。

上更加響亮，被譽為二十世紀西貢城內少數能與法國人、中國人、印度人匹敵的越南本土企業代表，對西貢人來說深具精神象徵意義。

據說彊柢喜歡去聚南樓的另一個原因就是為了看看阮氏川，兩人交情相當親近，不過當時阮氏川已經五十六歲，彊柢才三十一歲，徐娘半老風韻猶存遇上浪跡天涯熱血王子，也許更多心靈上的彼此投合才是重點。

根據越南作家阮氏明（Nguyễn Thị Minh）的著作指出，有一回法國人得知越南王子偷渡回國的線報，大隊人馬立刻突襲聚南樓進行地毯式搜索。法國人一進門看到地板上有個人正在睡午覺，上半身赤裸，下半身穿短褲，邊睡還邊打呼，以為是店裡員工不以為意，急忙進屋逐一搜查。這時阮氏川趕緊叫醒地板上的人，把他推進廚房，要他穿上廚子衣服去洗碗。樓上的阮安姜看到法國人來搜查，故意大聲對法國警察說「大人啊！我保證彊柢王子真的不在這裡」。法國人一陣翻箱倒櫃，又下樓到廚房搜索，但遍尋不著一個長的像王子的人，只好離開。其實那個躺在地上睡午覺的男人正是越南王子，可見彊柢在逃亡期間隨遇而安保持鎮定，他的市井裝扮幾度讓他轉危為安。

法屬印度支那時期的軍警人員一律身穿白色亞麻制服。

那時阮氏川十四歲的姪子，也就是阮安姜的獨子阮安寧（Nguyễn An Ninh）就讀於全西貢最好的夏瑟盧——魯巴中學（Collège Chasseloup-Laubat，也是全越南最古老的高中。成立於一八七四年，一九七〇年更名為黎貴惇高中 Trường Trung học Phổ thông Lê Quý Đôn），看到躲在他家的越南王子差點被抓走，內心許下了將來一定要去法國最好的索邦大學攻讀法律的願望，如此才能替越南人維護正義主持公道。果然一九二〇年阮安寧以優異成績取得索邦大學學位，在巴黎期間還教過跑船的胡志明法文，機智雄辯的他日後走上更激烈的抗法革命之路。一九二六年法國人強制關閉了聚南樓這間結合裁縫店、餐廳、旅館的越南革命基地，它大江東去浪淘盡般的傳奇色彩就此結束。

日本首相犬養毅大力資助

一九一四年歐陸爆發一戰，法國徵調了十萬名越南兵遠赴歐陸戰場，結果越南兵死傷人數高達九萬人，意味九成的越南人都被當成砲灰白白送死，這般慘烈狀況讓越南抗法意識屢創新高。彊柢曾致函給凡爾賽和會、法國政府還有美國總統威爾遜，表達越南獨立的訴求，可惜未獲重視。

一戰後，德意志帝國慘敗，原屬德意志管轄的南太平洋諸島，在國際社會的安排下交由日本負責接管，此事後來形成日本對南方、南洋、南進等政策方針的基本概念，日本將注意力移轉到地圖的南方，並將眼光投射到最南方的國土台灣島，開始關注南洋事務，從事南洋資源調查，有關南方的一切事物都代表海權強大的意義，這樣的思維自然影響了日本對待越南的態度，在外交政策上也跟著有所調整。

一九一五年三十二歲的彊柢再度獲准入境日本，當時日本重量級國會議員犬養毅（後為首相）亦表達不會再以越南獨立問題與法國私下交易。犬養毅早在明治天皇時期的日俄戰爭，便與越南革命人士曾拔虎有所往來，對於曾拔虎自願加入日本海軍對抗俄人的戰功印象深刻，因此更加同情理解彊柢的處境，此後犬養毅固定資助彊柢長達十七年，並提供東京房子讓他長期居留，彊柢住在以支持流亡外國人聞名的新宿麵包店中村屋，與相馬愛藏夫妻兩人同住。根據越南《青春報》（*Tuổi Trẻ*）的資料顯示，犬

前日本首相犬養毅不僅資助過越南王子彊柢，也與孫中山有十分深切的往來，曾資助孫中山避險，蔣介石也曾親自拜訪犬養毅。

養毅對彊柢非常好，一開始每個月給予他一百圓日幣，後來還會隨著物價波動幫他調薪，最後調高到每個月兩百圓，而且犬養毅每個月都親自送錢給彊柢，每次送錢時都會把錢用一張白紙包好，裝在一個信封裡，十七年來從未延遲過一次。

彊柢在三十到四十歲這段期間仍持續擔任越南光復會主席，在海外策動大大小小的劫獄、起義甚至刺殺法屬印度支那總督等活動，但都宣告失敗無疾而終，越南光復會的功能日漸喪失，整體來說流亡海外的彊柢並沒有積聚太大的成果。

雖然表面上彊柢受到日本人的資助，但他一直被日本人暗中跟監，無論內務省或外務省的機密公文上，都有 Prince Cuong De 或林順德（彊柢化名）的名字。根據日本亞細亞歷史資料庫的檔案顯示，一九二四年四十二歲的彊柢以廣東留學生林順德的身分，在帝國大學醫學部習醫，寄宿在東京本鄉區追分町三十一番地第二中華學舍裡。他白天概不外出，行蹤神祕，最特別的是他會去歧阜的養蜂場，取蜂之後養在宿舍，想當然爾遭到室友嫌棄。他對養蜂之所以感到興趣，我推測可能跟潘佩珠曾用「蜜蜂單戀一枝花的習性」來勉勵越南人忠誠愛國有關，當然也不排除其他原因，總之他養蜂這個特殊舉動引起日本特務的注意。日本人也發現他與其他越南人通信時使用「臨機用語」，常會將漢字，安南字，羅馬字混在一起變體。他常常去找當時剛到日本留學、小他十六歲的同鄉陳希聖（Trần Hy Thánh，詳見後文），還親自教陳希聖日語，兩人情同父子。夏季時他會去輕井澤避暑，冬季則去信州泡溫泉，頗懂生活情趣，而他也與當時的朝鮮人有所往來，這點讓日本人頗有戒心。之後他大手筆花了兩百四十圓購買一台照相機，而且非常興奮，可能是想要研究攝影，或者想用攝影來從事革命運動。

一九二八年來台與松下光廣會面

一九二五年潘佩珠在上海被法國特務抓走押回越南監獄。彊柢在日本聽到這個消息內心非常沮喪，失去了潘佩珠這位兄長般的革命同志，他就像失去爪牙的老虎一般，此後只能依靠日本人。越南光復會也因為潘佩珠被抓之後，隨之解體為不同的革命團體，一部分轉變成「越南青年革命同志會」（Hội Việt Nam Cách mạng Thanh niên），以新一代的後起之秀胡志明為首，主要成員與訴求對象為農民工階級，也就是後來越南獨立同盟會（簡稱越盟）與越南共產黨的前身；另一部分人則主張應該效法推翻滿清的中華民國，在中國國民黨幫助下成立了「越南國民黨」（Việt Nam Quốc Dân Đảng），主要成員與訴求對象以越南傳統儒家的知識分子為主；剩下一部分就是以流亡海外的親日派皇室成員彊柢為代表，以中上階層人士以及越南南部高臺教、和好教等上百萬教徒為主。

潘佩珠是越南人非常愛戴的民族英雄，一九二五年他被法國人抓捕回越南，囚禁了十五年於一九四〇年過世。

彊柢與友人的通信中曾表達儘管大家都追求越南獨立對抗法國殖民，但對自家人四分五裂的狀況他感到矛盾痛苦甚至絕望，特別是共產黨的理念與他希望實現的君主立憲制度兩者對立，他無法認同共產黨人的路線。

根據日本學者立川京一的研究指出，光復會解體後的一九二八年，四十六歲的彊柢與越南最大日商松下光廣兩人約在台北會面，這應是彊柢第一次踏上台灣的紀錄，那年台北帝國大學（台大）正式創校，這次的會面應是彊柢在失去潘佩珠之後企圖在日本人的幫助下走出自己的路。

松下光廣出生在日本較為貧困的九州天草地區，此地許多年輕女孩被賣到法屬印度支那從事性產業，俗稱天草女或唐行女，因而帶動了九州人到越南從事服飾、雜貨、日用品等小本生意的機會。少年的松下光廣因姊夫在越南開雜貨店，跟著姊夫去到北越工作，當時北越的日本人眼中只有法國客人，完全瞧不起越南人，但松下光廣逆向思考，他開了一家專門服務越南顧客的雜貨店，同時學會了越語和法語。日俄戰爭後，很多越南青年好奇日本人是怎樣擊敗俄國人，紛紛來到他的店與他攀談希望取經，彊柢當時就是其中一人。漸漸地，松下光廣的雜貨店晚上關門後，變成越南愛國青年討論革命活動的祕密基地。

之後松下光廣在越南創立大南公司，在北、中、南越均設有辦公室。一九二八年彊柢與松下光廣在台北會面，此後松下光廣定期從西貢傳遞訊息給彊柢並定期匯款給

亡命は憂し安南王族

流浪の身を我國へ入る

フランス官憲の眼を憚るクオンデ氏

敗殘の寵臣等を引連れ廣東から潛行

淋しく王朝の末路を話す

十八歳の少年時代

一度は危かった

ク氏の身邊

この間には貴婦人が現はれ

生死の巷に活動した

直ぐまた一難

船底に身をひそめ

密に香港へのがる

袁世凱

総督は

一九二八年日本報紙刊載了彊柢的報導。

他，彊柢透過松下的大南公司，才得以與越南各地同志聯繫。透過松下光廣的轉述，他得知越南人民熱切希望「浪遊王子」早日歸國，特別是南部地區的孩子們傳唱著〈王子從遙遠的東方回來〉這首歌，彊柢聽到松下這番話感到非常欣慰，一九二八年這場台北聚會為他帶來一線曙光。

成立越南復國同盟會來台辦廣播

一九三二年彊柢五十歲，知天命的這一年似乎也預告了他未來命運多舛。先是長期資助他的日本首相犬養毅遭到暗殺，好在松下光廣、頭山滿（黑龍會創始人）與松井石根（因參與南京大屠殺戰後被處以絞刑）接替了犬養毅繼續資助他，生活上有了著落，又傳出他從未謀面的家族晚輩十九歲阮福永瑞，在法國扶植下正式於順化登基，年號為保大（Bảo Đại），他心中百感交集。

此時一個影響他命運的新興科技正在發生：一九三二年英國廣播公司（BBC）

與英王喬治五世啟動皇室廣播先例，喬治五世在聖誕節進行了第一次的皇家聖誕廣播致辭，透過英國廣播公司放送到澳大利亞、加拿大、南非、印度、肯亞等日不落國土地上，估計有兩千萬人收聽過。這可能是全世界第一個皇室廣播紀錄，聲電波帶來的新興科技影響力無遠弗屆，超乎當時人類的想像。

一九三七年七月七日盧溝橋事變爆發，中日大戰開打，彊柢在日本軍系的支持下，發現自己的命運跟滿洲國溥儀一樣，他一度希望循溥儀模式在日本扶植下返回越南登基，成為「越南版溥儀」。一九三九年他於上海日租界成立「越南復國同盟會」（Việt Nam Phục quốc Đồng minh Hội），這個組織代表成員如下：負責日本與南越事務的陳希聖（Trần Hy Thánh，也稱 Trần Phúc An，日文名字柴田喜雄）、負責中越地區的吳廷琰（Ngô Đình Diệm）、負責北越地區的楊伯濯（Dương Bá Trạc）、負責文宣的張英敏（Trương Anh Mẫn）、負責中國事務的黃南雄（Hoang Nam Hung）等，同時也持續與越南高臺教領導人范公稷（Phạm Công Tắc）保持密切聯繫，往來頻仍。

一九三九年當英王喬治六世克服自身嚴重口吃障礙，成功發表對納粹宣戰的廣播後（後來被拍成電影《王者之聲》〔*The Kings Speech*〕榮獲奧斯卡獎），彊柢沒有料到在日本人安排下，他步上了英國皇室廣播的後塵，將在空中與越南相會，也就是日本人利用當時廣播科技對法屬印度支那進行心戰喊話。根據白石昌也的研究指出，當時法屬印度支那當局的立場傾向同盟國（中美英蘇），對於日本等軸心國（德義日）較為疏遠，因此日本人認為有必要對法屬印度支那進行廣播宣傳，以拉攏其與軸心國的關係，因此選擇了最靠近法屬印度支那的台灣作為廣播基地。

台北放送局的國際宣傳

台灣最早的實驗性質廣播紀錄發生在一九二五年，當時日本為了慶祝治台三十週年（始政三十周年紀念），在總督府內設置一間放送室進行臨時播音，目的在展示最先進的聲波科技以宣揚殖民成果。而台灣第一次的大眾廣播則要等到一九二八年十二月二十二日，這一天也可以稱為台灣廣播誕生日，根據賴英泰翻譯日本作家島進的

〈電波は躍進する（放送今昔物語）〉是這樣記錄的：

當天，在斟滿著啤酒招待眾多官民的餐桌邊，眾人一起傾聽從擴音器中嘶嘶流瀉的音樂，並沉浸於感慨中。從第一天下午三點五十分起是日間限定的地方節目播放，第二天則分成日間與夜間兩個部分，晚上是大阪廣播的轉播。這次放送具有台灣首次轉播內地（日本）放送此一深切意義。

當時台灣可以輕易接收到北起日本、南到菲律賓的各類型雜訊電波，之後台灣總督府發現英國人在馬來半島利用電聲波傳遞訊息，因此把腦筋動到了台灣，認為台灣的地理位置非常適合對中國與東南亞發射電波，需要建置一座台灣的廣播站。

一九三〇年台灣總督府交通局遞信部（原址在今日國史館）為發展台灣的廣播事業，於遞信部內成立了台北放送局，並在建築後方設置兩座非常高聳的廣播電塔。之後當局考量既然廣播是重要的國家機器與施政工具，錄製廣播節目需要有一專屬場所，總督府為了要能就近掌控，就在幾步之遙的新公園內，設立了台北放送局演奏所。

一九三二年的台北放送局（J.F.A.K），當時錄製廣播節目的地方。今台北二二八紀念館。

一九三一年台北放送局演奏所正式完工，由建築師栗山俊一設計，是一棟興亞式的建築（復興亞洲風格但也融合西洋風格），地址就在今日台北二二八紀念館。台北放送局演奏所遠看像一座小城堡，這裡是台灣第一個廣播電台，也是台灣廣播的起源地，開播之初電台呼號為JFAK，每逢整點固定報時，節目包

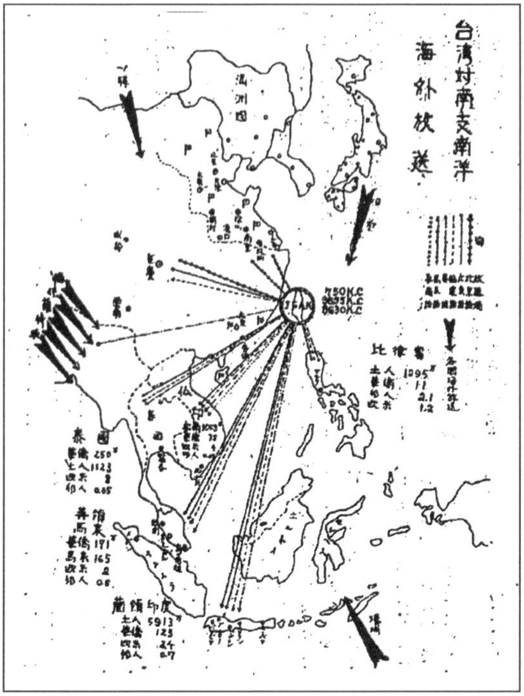

一九四〇年台灣總督府對華南及東南亞地區的海外廣播範圍圖。

含了晨操音樂、新聞播送、戲曲娛樂等。就這樣，台北放送局用聲波製造了眾人前所未有的集體臨場感，用聽覺開啟了台北人科技文明的一頁，成為一九三〇年代上流階級擁抱現代化生活最前衛的科技指標。

之後一九三六年，台灣總督小林躋造提出「皇民化、工業化、南進基地化」作為治理台灣的三大原則，緊接著日軍在北京的盧溝橋發動七七事變（也稱為盧溝橋事變），中日大戰正式開打。戰爭初期日軍發現，即使中國人打了敗仗卻能利用廣播鼓舞民心士氣，繼續堅持長期抗戰，這讓日軍感受到宣傳戰的重要性，於是利用台北放送局製作海外放送節目，將聲波打入中國沿海省份以及華中華南地區，藉此反制來自中國的電波戰，同時也負責監聽竊取中國無線電通訊的機密任務。

根據島進〈電波は躍進する（放送今昔物語）〉的文章指出，台北放送局最初製作的海外放送節目只有福建話新聞，後來推出了北京話新聞，北京話新聞一天播放兩次，分別在下午三點三十分與晚上十點各播放二十分鐘，之後深夜十一點還會再播放十五分鐘的廣東話新聞。除了中國新聞，台灣總督府為了達到國際宣傳目的，也針對東南亞國家製作各種語言節目，台北放送局搖身一變成為國際電波戰的指揮中心，每天深夜十一點播放英語新聞，然後又推出馬來語新聞，各十五分鐘，這些國際廣播皆是為了反制來自中國的廣播心戰。

當時台灣知識分子為了要同步掌握中日戰況時事，逐漸養成收聽廣播的習慣，作家吳新榮就是在七七事變後買了一台收音機，放在家裡隨時收聽。一九四一年珍珠港事變爆發後，台灣又掀起另一波購買收音機的熱潮，像是林獻堂、葉榮鐘等人都是透過廣播才得知日本在太平洋彼端另闢戰場。因為二戰，廣播的即時功能性才真正全面融入台灣民眾的日常生活裡。

台灣總督府的越南語廣播隊

根據國史館檔案顯示，一九三九年台灣總督小林躋造，授意官房企畫部長木原圓次以及臨時情報部長森岡二朗，安排了五十七歲的彊柢以及他手下的越南復國同盟會成員來到台北開辦越南語廣播節目，從事日本南進政策的情報宣傳發布事務，藉此拉攏法屬印度支那與軸心國的關係，此一計畫獲得東京參謀本部謀略課（第八課）同意。

對於日方來說，他們從一開始就清楚這個越南語廣播隊的成立主要是為了宣傳，而不是為了推翻法國印度支那當局或幫助越南獨立，不過彊柢這批越南人可不這麼想，他們企圖藉由這個廣播機會鼓吹越南獨立，雙方從一開始的出發點就不同。

台灣總督府批准了林德雄（彊柢中文化名，日語發音為 Rin Toku Jun）、黃南雄（Hoàng Nam Hùng）、張英敏（Truong Anh Man）、牟田ワサ、George Do Khai Hoan（日文拼音 ゾジトカイホオアン）、黃平（Hoang Binh）等人的囑託令，雙方合作採一年一聘的契約制。總督府給予彊柢的月薪高達四百圓，其餘人月薪一百五十

圓，當時老師的薪水月俸四十至八十圓左右，軍人三十至七十圓，可見日本人提供如此優渥的薪資足以讓這群越南人在台北過上衣食無虞的高級生活，至於住宿、醫療、差旅費用則另行補助。

一九三九年底，彊柢來台北開辦廣播，當時他應該是坐著船，在船上遠眺旭丘指揮所與小基隆嶼，從基隆港上岸的。據澳洲學者陳美文（Tran My-Van）的研究指出，彊柢其實一開始並不想來台灣，但日本大力推動南進政策，加上台灣拓殖株式會社在河內、海防、西貢均設有農林礦業等

一九三九年台灣總督府發布越南語廣播隊員的名單、薪資等資料。

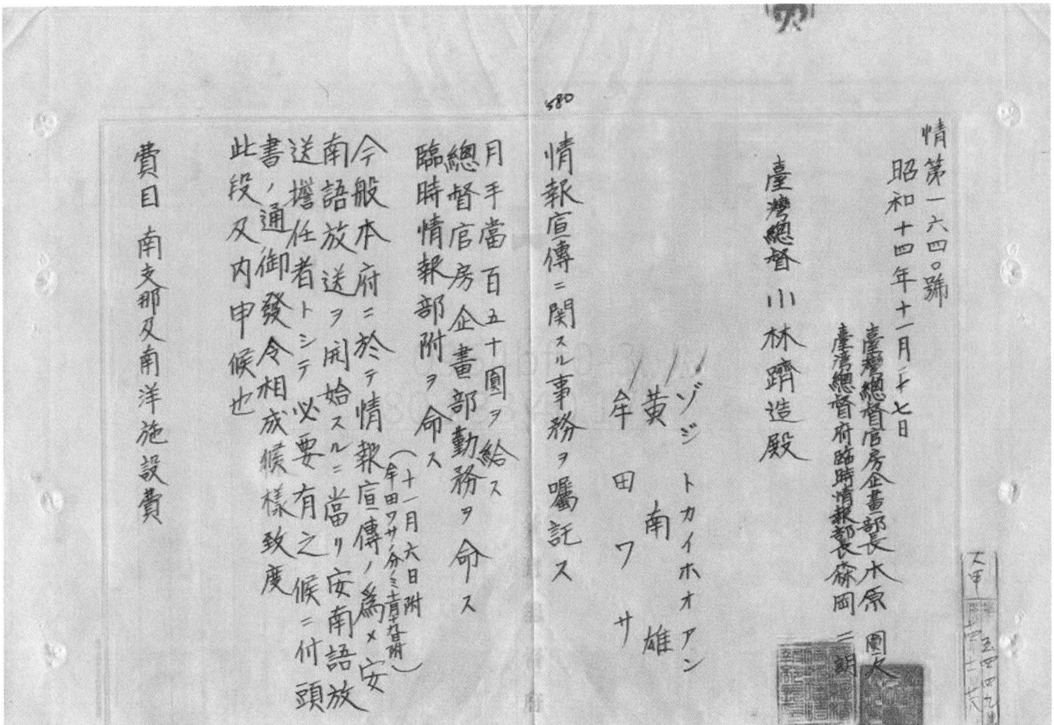
情第一六四〇號
昭和十四年十一月十七日
臺灣總督官房企畫部長 木原 圓次
臺灣總督府臨時情報部長 森岡 二朗
臺灣總督 小林躋造殿

ゾジトカイホオアン
黄南雄
牟田ワサ

情報宣傳ニ関スル事務ヲ囑託ス
月手當百五十圓ヲ給ス
總督官房企畫部勤務ヲ命ス
臨時情報部附ヲ命ス
（十一月六日附 [illegible]）

今般本府ニ於テ情報宣傳ノ爲メ安南語放送ヲ開始スルニ當リ安南語放送擔任者トシテ必要有之候ニ付頭書ノ通御發令相成候樣致度此段及内申候也

費目 南支那及南洋施設費

辦事處等，這些事情都跟彊柢的祖國越南有關，他沒有理由拒絕。彊柢原先想在台北辦雜誌，但日本人要他先辦廣播，雜誌以後再說。於是彊柢從香港挖角了一些同時懂得越文、中文、英文三種語言的人來台做廣播，多數來自北越河內，同時也找來幾位會講越南話的日本女性（也就是前文提過的天草女或唐行女），組成了一支擁有二十一名男女員工的越南語廣播隊，陣容相當龐大，他們工作時段都在深夜，大約從晚上十點到凌晨兩點左右。

廣播隊的運作主要是由黃南雄、

台灣總督府核准的越南語廣播隊成員名單，左三林德雄是彊柢的化名。

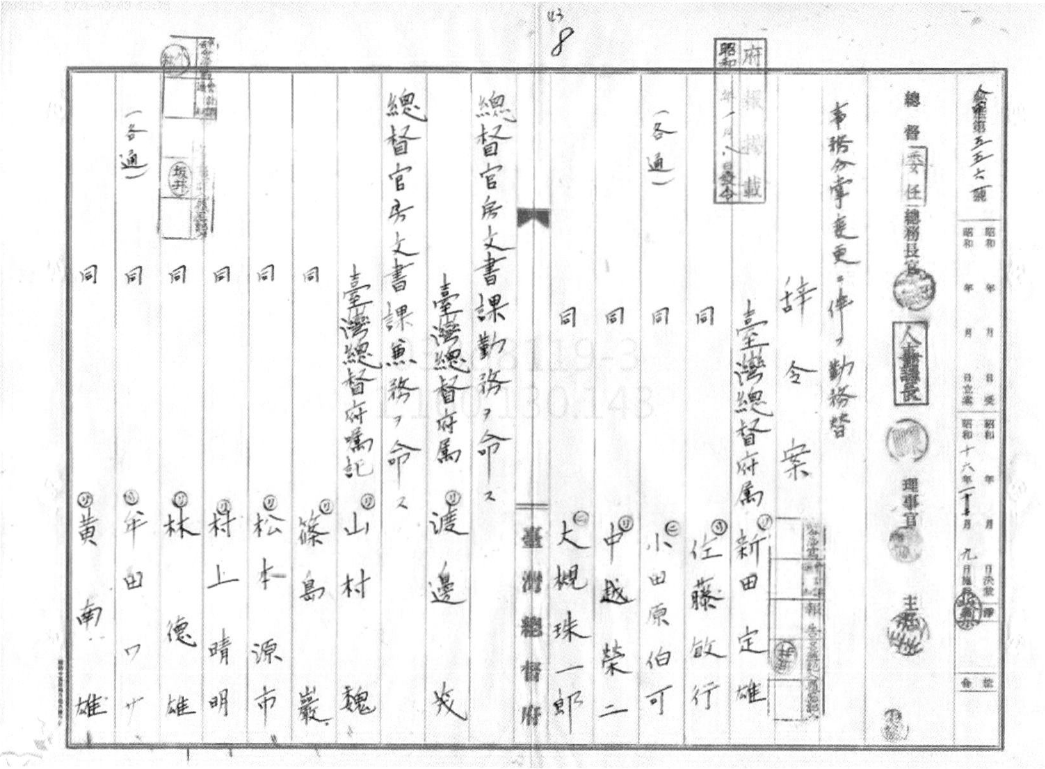
總督　奏任　總務長官　人事課長　理事官

事務分掌變更ニ伴フ勤務替

辭令案

臺灣總督府屬　新田定雄
同　佐藤敏行
同　小田原伯可
同　中越榮二
同　大槻珠一郎
（各通）
總督官房文書課勤務ヲ命ス

臺灣總督府屬　渡邊弘
總督官房文書課兼務ヲ命ス

臺灣總督府囑託　山村魏
同　篠島巖
同　松本源市
同　村上晴明
同　林德雄
同　牟田ワサ
同　黃南雄
（各通）

臺灣總督府

張英敏、黎忠（Le Trung）等人負責，彊柢則為領袖。這群越南人都沒有廣播經驗，對於電波這項新興科技，他們應該既期待又怕受傷害，台北放送局提供他們必要的協助，由於日本人都要事先審查廣播內容，所有節目都是事先預錄，送審通過後才能播放，除了揣摩越南聽眾的心理需求，對於文稿用字、播報語調、間奏音樂也頗有講究，還有英語與馬來語等節目可讓他們觀摩。據日本學者白石昌也的研究指出，五十七歲的彊柢在流亡多年之後，非常高興能在台北正大光明使用母語交談，這群越南

台灣總督府記載化名林德雄的越南王子彊柢的薪資每個月四百圓，當時一般老師薪資只有四十至八十圓。

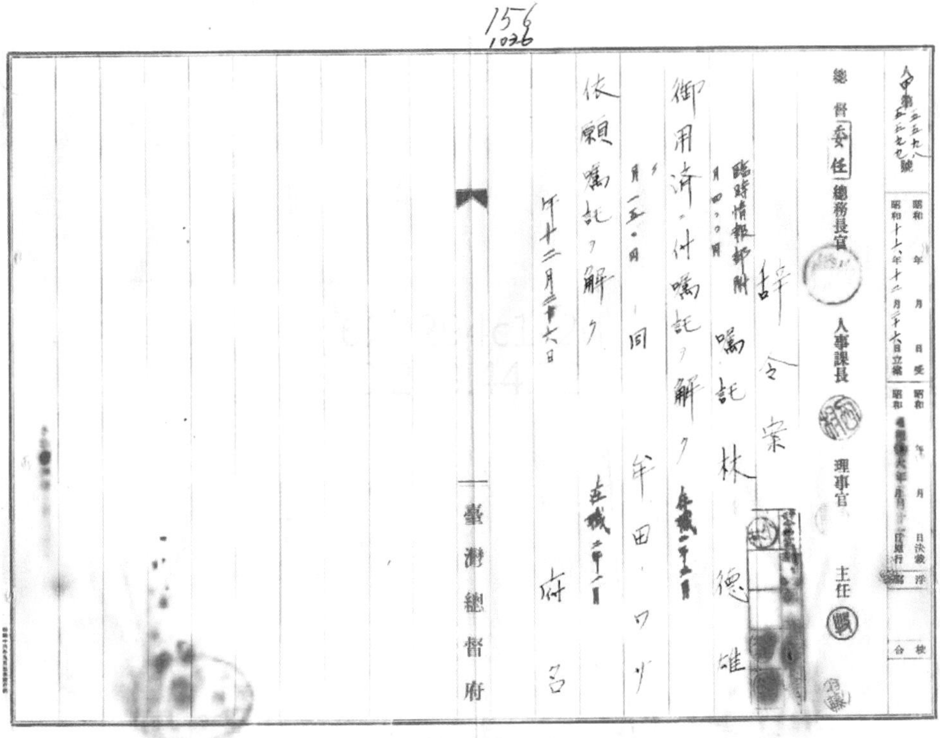

人的工作除了廣播之外，也負責教授日本軍官越南語，傳授越南文化、越南風俗等知識，以便隨時配合戰情變化進入越南，他們甚至也曾開辦英文課或漢文課等。

一九三九年十二月一日台北放送局的越南語新聞正式開播，固定在每日凌晨零點五分的深夜時段播送，每次播報十五分鐘，用四百兆赫強力電波向越南發射。新聞內容應該都是向越南大力宣傳日軍攻占了哪些區域的最新狀況，以及日本大東亞共榮圈的理念。

來台的越南語廣播隊成員，前排中戴眼鏡為越南廣播隊核心人物黃南雄，彭瑞麟（前右一）攝。

可能是當時在台灣經營廣播的越南復國同盟會青年與彭瑞麟（前排中央）合影，背後懸掛日本太陽旗。右上角兩張另外黏貼上去的大頭肖像則是未到場的人。

Chapter 3

台灣第一位攝影學士

彭瑞麟

竹東漢醫之子

越南王子彊柢在台北生活的兩年期間（一九三九－一九四一），留下數張畫質清晰、深具歷史價值的珍貴照片，這些照片都是由彭瑞麟負責拍攝，彭瑞麟不僅是台灣第一位攝影學士，更曾擁有日本皇室宮內廳的攝影資格。近幾年彭瑞麟在日治時期的攝影功勳受到更多人的研究與關注，關於他的事蹟也逐漸被大家憶起，不過我相信應該沒有人從「外交」的角度來談過他，我根據彭瑞麟家屬授權提供的數本寫真相簿大致整理出他的生平故事，並結合亞洲地緣與國際關係，推測出他極可能是台灣第一位外交攝影家！

彭瑞麟一九〇四年出生於竹東二重埔，他的父親彭夢蘭為中醫師，在竹東地區開設了濟元堂中醫院。根據彭瑞麟的私人日記顯示，他就讀竹東公學校（今竹東國小）期間，曾率眾抵制日本老師不准學生在校講方言的禁令而受罰。小學時期的他好學進取，原本想繼承家業學醫，卻因父親投資土地失利導致家庭經濟虧損負債，最後只好放棄學醫的念頭，一九一九年考進了不需學費的台灣總督府台北師範學校就讀（今國立台北教育大學）。

台北師範學校的藝術啟蒙

入台北師範學校之初，彭瑞麟的父親帶他到台北新公園打算拍照留念，但一聽到攝影拍照的價格覺得太貴，只好作罷，這是年少彭瑞麟與攝影初次的接觸。根據彭瑞麟次子彭良岷醫師回憶說，他祖父生前曾問彭瑞麟長大以後有何打算？祖父一聽到彭瑞麟說要當老師之後，有些失望又略為生氣說：「你以為畢業後拿個挖番薯的棍子（日治時期教師隨身攜帶的象徵性物品）就滿足了嗎？男人一定要有志氣。」因為父親這樣的激勵，讓彭瑞麟日後不管做什麼都懷抱遠大的目標，立志要拿第一。

「要在什麼領域成為台灣第一人呢？」彭瑞麟少年時期不斷叩問自己的人生方向。他曾以音樂家為目標，但覺得自己手指不夠長而作罷，也想學聲樂，可是隨著音樂老師回去日本只得打消念頭。後來三年級的他開始接觸繪畫，與高他一年級的廖繼

一九一九至一九二三年彭瑞麟（右一）就讀台北師範學校時，與同儕在校門口留影。當時尚未有芳蘭校區，故校門應是在南門校區，今台北市公園路上。

一九二〇年台北師範學校二年級的彭瑞麟（右）與學長權印君畢業前的合影，合影處為西門町橢圓公園，大約在今日捷運西門站六號出口的馬路上。

春、李梅樹等人一起辦過展覽會，他內心開始點燃去東京留學的夢想。

學生時期的彭瑞麟面臨喪父之痛，在父親過世時，家裡找不到任何一張照片可以當遺照，他感到非常遺憾。後來彭瑞麟赴日留學攻讀攝影後，曾在一張團體照裡發現他父親宛如火柴頭大小般的影像，於是擷取小小的影像不斷翻拍重印，終於完成放大幾十倍的父親遺照，至今仍留存在彭家家族裡。一九二三年十九歲的他以第一名的成績從台北師範學校畢業時，父母均已仙逝，他回到新竹家鄉教書，家裡的債務還沒還清。

恩師貴人石川欽一郎

彭瑞麟畢業後，先在峨眉與竹東兩地的公學校任教，大約在一九二四年起，他開始跟著「台灣西洋美術史開拓者」石川欽一郎學習水彩畫（石川欽一郎具有英文能力，曾擔任陸軍一等口譯官，他的學生包含：李石樵、李梅樹、藍蔭鼎、李澤藩、陳澄波、倪蔣懷等）。彭瑞麟本想申請到台北任教，可就近與石川欽一郎學畫，但台北沒有職缺，後來他轉調到桃園公學校埔子分教場任教（今中埔國小），因為石川欽一郎常去桃園大溪寫生，這樣一來他跟老師學畫就方便多了。每周日他都上台北找石川欽一郎學畫，他曾說那是初執教鞭時期唯一令他期待的時光。由於背負經濟壓力，他一邊畫畫一邊得節省資材，常被石川老師說用色太淡了。

大約那段時間，他也跟著石川老師學習北京話，從注音符號「ㄅㄆㄇㄈ」開始，數個月之後他的北京話已達能夠開口的程度，不過以當時統治氣氛而言，他這種行為是十分大膽且具有自我意識。他還曾以台北州代表的選手身分參加百米與兩百米的田徑賽事，網球也會打，足見日本時期的養成教育著重全能發展。教書之餘，他幫人畫炭筆肖像畫，貼補家計，逐漸擺脫家裡債務困擾。

一九二六年彭瑞麟加入石川欽一郎創立的「台灣水彩畫會」，與藍蔭鼎、李石樵等人是畫友，他原本想專攻西畫，往西洋美術這條路走，但發現陳澄波已經是台灣第一位入選《東京帝展》的人，這項紀錄他再怎麼努力也無法超越，而且看到黃土水的雕刻於帝展中遭到打壓導致落選的不公平現象，他領悟到要在派系色彩濃厚的畫壇占

彭瑞麟與恩師石川欽一郎在台北「藏林寫真館」的合照。彭瑞麟一直非常懊悔沒有親自拍攝一張與恩師的合照，後來他用玻璃底片翻拍此張相片，可見這張照片對他的意義。

有一席之地並不容易。油畫、雕刻、水彩都有人捷足先登了，要往哪一個領域走才能出人頭地，是他常常思考的問題。

所幸他的恩師石川欽一郎，留意到日本吹起一股「藝術寫真」攝影潮流，所謂藝術寫真是追求一種如同繪畫般的影像質感。當時東京寫真專門學校（現為東京工藝大學，由Konica公司創辦人杉浦六右衛門創立）才剛成立不久，還沒有任何台灣學生就讀，加上攝影在當時是一門新興的科技藝術，大多數的台灣人都沒接觸過，因此石川欽一郎建議彭瑞麟赴日攻讀攝影，鼓勵他為台灣開創一番新氣象。往後兩人的師生情誼持續數十年，石川老師一直在彭瑞麟藝術生涯的路上，始終不斷與他對話討論，給他鼓勵打氣，令彭瑞麟十分珍惜，內心也把石川當成爸爸般的看待。

東京寫眞專校的生活趣事

一九二八年二十四歲的彭瑞麟坐了三天兩夜的船抵達日本，報考東京寫真專門學校。但入學考試必須先考專業科目，他在台灣根本沒學過，他深知這樣的考法對他極為不利，得想辦法爭取入學。於是他趁著考場休息時間，大膽向石川欽一郎友人的友人、也就是在該校任教的秋山轍輔*教授求助，秋山教授知道他的狀況後，請他到教務處詢問有無任何免試入學的機會。他在教務處問了半天，沒有得到任何具體結果。

就在心灰意冷準備放棄時，突然有位留著兩撇小鬍的老頭子走了進來，起初彭瑞麟覺得他「風采不揚，言語粗魯，不想搭理」，但老人指點了迷津，要他把報名本科改為報名選科，最後他成功地以「旁聽生」的資格順利進入東京寫真專門學校。這位適時出現的老人就是小野隆太郎†教授，日後給予他很大的指導與幫助。

---

* 編按：與小野隆太郎、杉浦六三郎等人共同創辦東京寫真研究会，是日本目前現存歷史最悠久的攝影團體之一。於東京寫真專門學校教授攝影學概論。

† 注：與秋山轍輔、杉浦六三郎等人共同創辦東京寫真研究会，是日本目前現存歷史最悠久的攝影團體之一。於東京寫真專門學校教授打光。

彭瑞麟留學期間比班上同學大上五歲，又來自「南方殖民地」台灣，在日本同學環伺的情況下，他以客家硬頸精神拚搏，比其他人更認真努力趕上程度，要修習物理、三角函數、光化學、色彩學、印畫法與製版術等。結果一年級課程結束時，他勇奪全年級第一名，校長結城林藏正式將他從旁聽生升為本科生，他的勤奮好學得到師長一致好評，也讓校長對他留下深刻印象。

此後彭瑞麟不但年年拿第一，更加強自己的外語能力，他剛去東京時住在落合町上落合村，一年級下學期

東京寫真專門學校，右上角是當時校長結城林藏，出自彭瑞麟的《東京寫專畢業紀念冊》。

搬到了西鴨巢町的池袋，在池袋他特別聘請鹿島伯順（畢業於英國牛津大學）來教他英文，後來因為他的室友素行不良，他只好搬離池袋獨自住在學校附近的菊隆館，一對一的英文家教課也因此中斷。不過他可不是書呆子只會死讀書的那種人，他一年級加入學校的網球社，二年級時升為副將，三年級則進一步成為領隊及主將，在學校允文允武，鋒頭很健。

據彭瑞麟日記所述，東京寫專每周都會聘請女模特兒讓學生練習攝影。有時上、下午各一人，有時也會連續一學期只請一個人。同學間也常有與女模特兒風流韻事的傳聞，但專注學業、沒錢沒閒的他，把時間用來練習當時最新的X光寫真技術，他曾為自己的左腳、手關節、手掌拍攝X光片習作，這是他初次接觸醫學攝影的領域。

彭瑞麟就讀東京寫專三年級時，替小野隆太郎教授拍攝的照片。當初就是「其貌不揚」的小野教授，幫助他以旁聽生的資格順利入學。

在東京寫專大雪紛飛中的彭瑞麟，圍著圍巾，穿著大衣，頭戴東京寫專校帽。

彭瑞麟就讀東京寫專時的自拍肖像，頭戴報童帽，穿戴大衣圍巾，雙手十指交扣擺於膝蓋上。

這是彭瑞麟東京寫專時期的自拍作品之一。相片中他梳著油頭，身穿大衣、披掛圍巾，左手指間夾著一根菸。

第一名畢業差點進日本宮內廳

在東京寫專二年級的寒假，他自學研究「三色碳墨轉染天然寫真印畫法」（three-color carbon print），這種攝影技法在彩色軟片尚未問世前是非常罕見的特殊技法，僅有少數幾位教授才會。他趁著寒假期間邊看書邊摸索，經過五個星期反覆實驗，完成了兩幅作品，他拿著其中一幅拍攝花器的作品《靜物》向小野隆太郎教授請教。不過小野教授一開始並不相信彭瑞麟居然會用這種高難度技法，因為這門技術要到三年級才有授課，而且當時全日本僅得這項技法的人屈指可數（據彭瑞麟所述僅英國的兩、三位，以及包括小野在內的兩位日本教授）。

經過彭瑞麟親自證明後，小野教授相信了，立刻再指導他重做一幅《靜物》。《靜物》這件作品後來送到如同美術界帝展的東京寫真研究會研展後，不但入選，還得到褒獎，更與當時日本第一流的攝影師一同刊登在《研展畫集》，此事後來轟動全校。

一九三一年春，彭瑞麟在日本度過三年精彩豐富的留學生活，最後以第一名特優

彭瑞麟在東京寫專二年級的得獎作品《靜物》，是當年極少數可以做到彩色攝影的作品。

成績畢業，成為台灣史上第一位攝影學士，堪稱台灣之光。校長結城林藏非常關心他畢業後的發展，力薦成績優異的他到協助天皇處理皇室事務的機構「宮內廳」擔任攝影，擁有宮內廳攝影資格的他，也曾為皇室內侍女官拍攝過照片。另一位前川謙三教授，也極力鼓吹彭瑞麟前往美國進修，學習更先進的攝影技法，但是二十七歲的彭瑞麟心中，藏有一個甜蜜約定，等著他回鄉允諾兌現。

一九三一年彭瑞麟在東京寫專時於日本宮內廳拍攝的內侍女官。有人說彭瑞麟屬於古典藝術寫真的最後傳人，從這張人物照片可以完全感受出來。據稱當時另攝有一張男官之照片，後置於彭瑞麟學生於中山北路所經營之照相館櫥窗內。

返台和呂玉葉完婚

彭瑞麟赴日留學前，曾在桃園公學校埔子分教場擔任教師，當時他班上有一位女學生家境優渥、聰穎好學，叫做呂玉葉。有一天呂玉葉連著好幾天沒來上課，身為老師的他去家庭訪問才得知，呂玉葉的祖母認為女孩子不需要唸太多書，反正早晚要嫁人，因此阻止孫女去上學。彭瑞麟認為呂玉葉不念書太可惜了，跟呂祖母再三溝通，最後祖母拗不過他的規勸，但也正色跟彭瑞麟說，既然你這麼在意呂玉葉未來的發展，那麼她的將來必須要由老師你來負責，彭瑞麟當場答應了。

彭瑞麟拍攝呂玉葉戴著寬簷的鐘型帽，綁著兩條辮子，身穿洋裝，攝於阿波羅照相館。

就是這次家庭訪問，牽起了彭瑞麟與呂玉葉的姻緣，因此當彭瑞麟拿到畢業證書後，二十七歲的他決定返台實現他的婚約承諾，同時他也想將自己在日本所學的攝影技法帶回台灣，開設一間代表台灣人的照相館。如果他沒有遇見聰慧清麗的呂玉葉，很可能就留在日本宮內廳，甚至遠渡美國發展，那麼他就不會在大稻埕開設照相館，日後也不會遇見越南王子彊柢。

一九三一年彭瑞麟畢業回台後，陪同未婚妻呂玉葉完成新竹高女的註冊，該年夏天放暑假的呂玉葉也正式搬入彭家同住，這段期間是彭瑞麟完成學業、尚未開業前與未婚妻難得共享的快樂時光，準備年底在台北開設照相館。

在大稻埕開設阿波羅照相館

彭瑞麟返台開設照相館前，小野隆太郎教授知道他可能會需要大筆資金來購買相關設備與器具，為了幫助彭瑞麟圓夢，小野教授主動幫彭瑞麟作保，讓彭順利從小西六本店（Konica 前身）借支兩千元的開業費用，並談妥後續極為優待的條件，小野教授可說是彭瑞麟留學與創業路上的貴人，據說當時一台萊卡相機（LEICA）約等於一幢樓房的價錢。

根據《凝視時代：日治時期臺灣的寫真館》書中指出，日治時期台灣人很難跟日本人競爭照相生意，一九一一年全台灣三十五間照相館中有二十九間是日本人開的，最具代表性也最賺錢的就是日人開設的遠藤寫真館，當時台灣人開設的照相館只有六間，而且只分布在中台灣鹿港、台中、北斗等地，台北市完全沒有台灣人開的照相館，全被日本人壟斷把持。到了一九三〇年代，台北市約有十六間台灣人開設的照相館，其中七間都在太平町（今延平北路、南京西路）。

太平町自清朝以來是台灣仕紳商賈的發跡地，本土思維與藝文風氣濃厚，因此彭瑞麟捨棄了日本人聚集的榮町（今博愛路、衡陽路），選擇了太平町也就是大稻埕一帶作為他創業的起家地。根據彭瑞麟所述，此為恩師石川欽一郎的建議，認為要在本島人的鬧市開業，擔負起開發文化的使命。

一九三一年十一月，彭瑞麟在太平町設立了阿波羅照相館（アポロ寫場），地址為台北市太平町三之二（今延平北路二段一號到五號，一號為大稻埕森高砂咖啡館）。アポロ是太陽神阿波羅的日文片假名，由他的恩師石川欽一郎親自取名，藉由

彭瑞麟阿波羅照相館外觀，當時擁有兩間店面。珍珠港事變後日人禁用外來語名，因此阿波羅被改為亞圃盧。這裡也是後續會提到的越南王子彊柢與越南語廣播隊拍照的地方。

太陽神光明寓意，期望彭瑞麟為台灣攝影界注入熱情，開幕之初即被報紙譽為「天才彗星」，大力讚揚，是台灣攝影界本土菁英與知識分子代表。之後阿波羅照相館遷至原址轉角處，太平町二之四三（今南京西路一八五號天馬茶房旁轉角處），彭瑞麟對新址的櫥窗裝潢很用心思，最初的戶外招牌還掛有阿波羅神的裸畫，且他具有經營的商業頭腦，逐漸打開知名度，他在日記曾提及：

「第二年搬到二之四十三番地，法主公廟的隔鄰。樓下兩間，樓上三間，樓下置兩個大櫥窗外，作為研究生的宿舍，樓上接待室及自己的臥室占一間。既結婚尚未有孩子，天天只是研究櫥窗的陳設。櫥窗對收入有極大影響，每次更換後，必定收入增加。對布置內容考量條件：(1)季節；(2)為調查民眾的眼力及趣向，辨人氣測驗，其方法是用一個女人照出姿勢、採光、布景個別的同大的相片六張，陳成一列編號，顧客任意投票，頭獎給予打五折之優待券；(3)看比較有名氣的同業所使用的招牌女人，特請她來照一張陳列出去，讓民眾比較。其他是在興南新聞（日刊）上發表各種關於照相的介紹及大阪每日常發風景作品，這樣一來名氣漸高……」

一九三〇年代，整整十年，彭瑞麟專注於攝影事業。除了開店，他也替台灣第一大媒體《台灣日日新報》拍攝宜蘭搶孤的祭典，也擔任日本風景協會「月刊風景」特約記者。一九三三年他更進一步投書媒體，探討紅外線攝影或影像耐久處理的文章，屢次刊登在報紙

阿波羅照相館一樓櫥窗。彭瑞麟將櫥窗一分為二，一邊展示為藝術寫真作品，另一邊展示的是商業寫真作品，以收廣告攬客與教學示範雙重之用。訪客可從櫥窗旁樓梯通往二樓，樓梯間並掛有攝影作品。一九四一年太平洋戰爭爆發後，政府規定必須在櫥窗上張貼紙條，以減少空襲時產生的玻璃碎片。因此彭瑞麟想出以戰艦、戰機打出探照燈的方式來張貼紙條，既合乎規定又保持展示功能，也符合當時戰時氣氛，非常聰明。

彭瑞麟從阿波羅寫場二樓往下拍攝大稻埕街道上的藝閣，畫面左側還可以看到照相館早期的太陽神阿波羅人形裸體招牌以及「アポロ」（Apollo）字樣，當時下方廟會慶典遊街的景緻花車是用牛拉的，之後照相館人形招牌被日方強制拿下來。

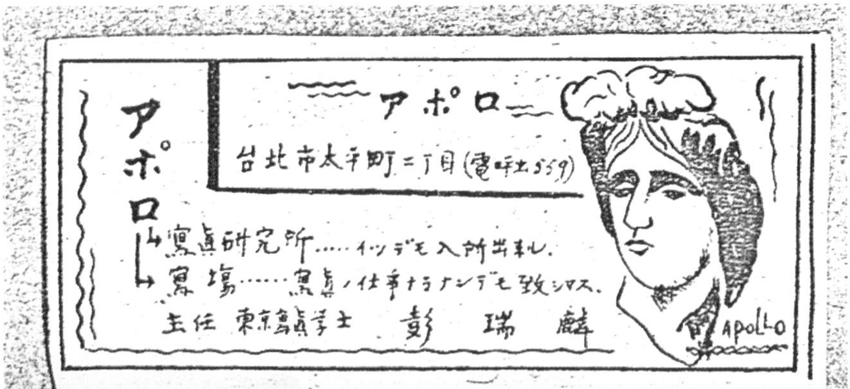

這是一九三〇年代彭瑞麟自己設計的阿波羅照相館廣告，廣告刊登在《臺灣新民報》。

上，推廣攝影不遺餘力。

開店初期彭瑞麟也拍下多張富含時代美學的女性照片。由於日治時期的台灣社會仍保有女人不能隨便拋頭露面的觀念，因此當時彭瑞麟作為攝影範本的女性模特兒，都是商請藝旦、女給、舞女、咖啡廳女服務生來擔任，也包含他自己的太太呂玉葉。他曾請他的竹東同鄉也是大和洋行社長劉鼎基介紹北投「新薈芳」的女招待們來當模特兒，以手托腮也是當時藝旦等風月女子最常見的拍照姿勢。

攝影評論家蕭永盛曾說，彭瑞麟的藝術寫真讓畫面人物肖像有粗粒子的感受，他的技法很出類拔萃，有自己的風格與特性，屬於古典藝術寫真的最後傳人，構圖精粹，洗鍊樸素，乾淨細緻，看起來很簡單但其實很不簡單，是那個年代全日本少數的藝術寫真第一把交椅。

彭瑞麟拍攝的女性肖像作品，照片中的女子雙手交疊托於下巴，燦爛地微笑。學者馬國安指出，阿波羅初期有和酒家合作，他的女性肖像照片很有戲劇舞台效果。

彭瑞麟拍攝的鏡前舞女。

藍蔭鼎肖像。知名水彩畫家藍蔭鼎多次入選日本帝展，也是石川欽一郎的學生，曾任台北第一、第二高女的圖畫科約聘教師。後人評述此張為彭氏室內燈光作品中打光技巧很高的一張。右側 45 度主光能在雙眼留下光點，使其看上有神，左側 45 度效果髮燈及側燈，能製造立體的視覺效果。

台灣第一位攝影教育家

一九三一年阿波羅照相館剛成立時，即使彭瑞麟攝影技巧再高超，也因知名度低、收費較高，生意難有起色。敏銳的彭瑞麟決定在開業不到半年後，開辦阿波羅寫真研究所，專門招收一些對攝影有興趣的學生，基本上三個月為一期，授課費五十元，報名登記費五元，實習材料費自備，每年定期舉行作品展。消息一出，吸引了不少人前來詢問，但許多人已在自己家鄉開業例如桃園、花蓮、台中，這些學生散居全台各地，未必能按照時間定期到台北上課，致使研究期限從三個月起至六個月，甚至延長到一年皆有，頗具彈性。

彭瑞麟這項結合教育與商業的做法，使他成為台灣第一位攝影教育家，全盛時期一次招生就有十四名學生，全部穿著特定制服，並有黃底白字青線的徽章，每次帶隊出去外拍時，非常引人注目。阿波羅寫真研究所總共辦了四年，學生遍布全島，另有四名女性，歷年總計五十八名，若包含半途而廢者則有六十名。當時他跟學生感情就像平輩一樣親近，慕名而來的學生南北二路、山線海線均有，連當時交通最不便的花蓮鳳林，都有他的嫡傳弟子。此外，彭瑞麟也針對大眾初學者，舉辦過攝影短期講習，不僅提供最先進的攝影服務，更以深厚的美學素養開辦攝影專班與長短期課程，吸引遠至東南亞甚至還有從廈門、印尼來的學生前來學習。

但走在時代前端沒有想像中容易，彭瑞麟的孫女彭雅倫說，當時台灣攝影界是師徒制，不少人認為彭瑞麟公開授課、傳授攝影技法是「破壞行規」，彭瑞麟此舉也可說是台灣攝影界的革命者，一些看不慣彭瑞麟的人，還到阿波羅照相館鬧事、潑漆。也因阿波羅寫真研究所的名氣大，出現不少冒名者，有一回彭瑞麟到彰化，一間彰化照相館的人就在彭瑞麟面前自稱是阿波羅寫真研究所的學生，還拿出彭瑞麟刊登在報紙上相關文章，稱讚他老師的實力，讓彭瑞麟哭笑不得。

攝影結合了光學、光化學、藥劑、印畫法、美學、構圖等，是一門易學卻難入的藝術，彭瑞麟在一九三〇年代就扮演提攜後輩的先行者角色，他除了親授專業攝影技法之外，還帶學生進行實地外拍，幫學生開辦作品發表會，鼓勵學生將作品投稿報社。吳嘉寶教授認為彭瑞麟對台灣攝影教育貢獻延續到二戰後台灣人才養成的銜接，日本人全面撤離台灣時，彭瑞麟所訓練出來的這批台灣本土攝影師，正好填補了日本攝影師所遺留下來的大量空缺，對台灣攝影史影響不可磨滅。彭瑞麟能夠在開業之初就考量到如何同步提升台灣攝影水準，沒有辜負「台灣第一位攝影學士」的光榮美名。

彭瑞麟與學生攝於阿波羅照相館一樓內部。

彭瑞麟（前排右二）與合夥人兼結拜兄弟陳德明（前排右一）以及阿波羅寫真研究所的學生於阿波羅照相館合影，其中唯一的女性為施巧。

彭瑞麟（左一）帶著阿波羅寫真研究所的學生於北投進行外拍練習時的合影。

金漆寫真《太魯閣之女》得獎

一九三四年，彭瑞麟與《主婦之友》雜誌的記者一同前往花蓮太魯閣，中途在花蓮新城社拍攝了一幅「太魯閣之女」的照片，據考證照片中兩位女性分別為十六歲的YIMIN PISSAU與二十一歲的REBEHU MAHON。幾年後一九三八年六月，彭瑞麟因需要添購阿波羅照相館所需器材前往日本，順道探訪已經退休的東京寫專老校長結城林藏。這趟拜訪讓老校長決定將他獨門創下的「金漆寫真」攝影技法傳授給彭瑞麟（本來老校長想將這套技法傳給自己的兒子，結果兒子過世）。

所謂金漆寫真，是在金粉為底色的漆器上製作影像，金漆寫真的製作非常複雜，除了材料取得困難且成本很高以外，對原版底片的光影條件要求極高，最後金粉要上在特別突出有光的閃亮地方，難度很高，屬於跨媒材創作。

彭瑞麟從老校長那裡習得技法返台之後，就將這項珍稀技術應用在他之前拍攝的《太魯閣之女》，結果這件作品在一九三八年入選大阪《每日新聞》主辦的「日本寫真美術展」，是十五件入選作品中唯一來自台灣的。根據吳嘉寶教授的研究指出，

彭瑞麟《太魯閣之女》是以純金粉製作的漆器寫真的得獎作品。

シ麵類ノ練詰製造ニ着手シ同商行ノ代表者トシテ活躍シツ、アル外各種ノ事業ニ關係シ居リ　將來ノ雄飛ヲ期待サル

彭瑞麟　アポロ寫眞場主　アポロ寫眞研究所長
（現）臺北市太平町二ノ四三

【經歷】明治三十七年十一月三日竹東郡竹東街二重埔ニ生ル　大正十二年臺北師範學校ヲ卒業シ　昭和三年三月迄新竹州公學校訓導トシテ奉職スル傍ラ石川欽一郎ニ師事シテ水彩畫ヲ學フ　向學心ニ燃ユル氏ハ昭和三年遂ヒ教職ヲ去リ笈ヲ負フテ上京　東京寫眞專門學校ニ入學シ同六年同校ヲ卒業ス　氏ハ寫專ニ在學中東京寫眞研究會展ニ天然色寫眞（靜物）ヲ出品シテ入選シ褒賞ヲ授與サレタリ同十一年一月石川欽一郎ニ依リテ日本風景協會正會員ニ推薦サレ　同年十月日本美術寫眞展ニ純金製ノ漆器寫眞ト天然色寫眞ヲ各一枚出品シテ入選セリ　氏ハ藝術寫眞學ノ造詣深ク現ニ現住所ニアポロ寫眞場ヲ經營スル傍ラアポロ寫眞研究所ヲ開設シテ寫眞技師ノ養成ニ努メツツアリ　趣味ハ水彩畫　木炭畫　エッチング　デッサン　テニス　ピンポン　旅行ノ多方面ニ亙ル

【家庭】妻彭氏玉葉（大四）　長男良岸（昭一一）

彭清靠　醫學博士
彭產婦人科醫院長
（現）高雄市堀江町三丁目

【經歷】明治二十三年五月四日屏東市ニ生ル　明治四十五年臺北醫學校ヲ卒業シテ馬偕醫院ファグソン博士ニ就キ外

《台灣人士鑑》昭和十二年版收錄彭瑞麟的簡介。

當時彭瑞麟獲選後曾對新聞記者表示，他準備利用更便宜的銅粉或鋁粉代替金粉，再把日月潭、阿里山等台灣名勝與漆器結合，以期製作出代表台灣的攝影紀念品。可惜此一技術據說現已失傳，成為謎一般的攝影技術，而《太魯閣之女》也是他少數以原住民為主的攝影作品。

吳嘉寶教授認為，彭瑞麟不斷鑽研彩色轉染照片、漆器攝影或以非銀鹽攝影技術所製作的攝影作品，都是台灣攝影史上非常罕見，極為稀有的特殊技法。無論在影像的結構、空間的把握或情境的表達上，彭瑞麟都是台灣攝影史上的經典大師，這和彭瑞麟曾在台灣美術運動啟蒙者石川欽一郎門下學習過水彩，以及在東京寫真專門學校所接受的嚴格攝影理論與藝術美學的基礎教育，有著密不可分的關係。

廣東從軍

彭瑞麟《太魯閣之女》金漆寫真獲獎後，當時中國跟日本的戰爭已經開打，日軍占領了中國上海、南京等地，緊接著一路往南進攻。一九三八年彭瑞麟突然被日軍徵召到廣州擔任客語翻譯，根據他的《廣東相簿》是這樣記載：

> 一九三八年中國上海與南京已被日軍占據，長男兩歲時，有一天我突然接到日軍徵召令，糊裡糊塗被送上船後，在海上漂流了一星期，才知道日軍要進攻廣東。因為我的戶口籍貫是廣東，因此跟住在台北市的客家人一起都被徵用為翻譯員。

彭瑞麟抵達廣東後，他的工作地點在廣州市執信學校（今廣州市執信中學，是孫中山一九二一年為紀念文膽朱執信而創辦的學校），通訊地址是：廣東市惠愛路華南銀行官天德方。他曾在日記中寫著：「夜晚海水浸到肚臍，搬運貨物，共寢時半夜被金代蟲咬慘，彼迫的苦」。

一九三八到一九三九年間即使在廣東吃了不少「彼迫的苦」，彭瑞麟仍把握機會拍攝很多街景作品，也常隨手速寫。根據彭瑞麟的《廣東日記》出現了姜鼎元（正米市場組合書記長）、郭雨新（黨外祖師爺）等

一九三八年彭瑞麟穿著整套軍服於廣東省友人開設的照相館留影。彭瑞麟在照片下面註明，他以這個姿態與救國安民挺身隊管理新金城治安處。

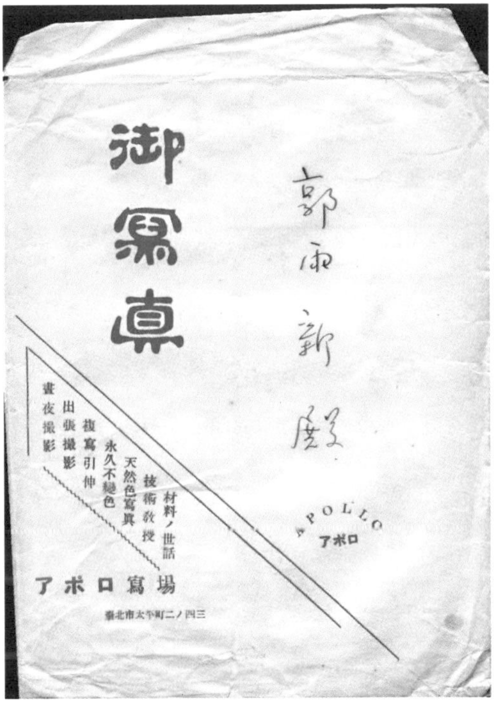

阿波羅照相館當年的紙袋。有著「黨外祖師爺」之稱的郭雨新，年輕時曾在林本源興殖株式會社任職，他與彭瑞麟在廣東認識，曾找彭瑞麟拍照。

人名，推測彭瑞麟應是那段時間與他們認識的，但《廣東日記》還有部分尚未整理完成，文字尚未翻譯出來，更多細節只好留待日後解譯才能確定。

Chapter 4

當越南王子走進彭瑞麟照相館

王子的台北廣播生活

彊柢從一九三九年底到一九四一年底停留在台灣的時間大約兩年左右，當時他已年近六十。根據陳美文的研究指出，他的住所在台北市御成町五丁目八十六番號（約今日中山北路二段，蔡瑞月舞蹈研究社與國賓飯店一帶），他的辦公室則在台北市幸町一四七號（約今日濟南路二段，台灣文學基地與齊東街一帶），電話番號八四六九，同時辦公室也作為其他越南語廣播隊員的宿舍。他的御成町住所門牌上刻著「伊調南」（Minami Icho）三個字，可見這位越南王子在台北擁有很多化名，有時叫林德雄，有時叫南一雄，有時叫伊調南，頗為神祕。他出門若帶著日文名片，頭銜應是「台灣總督府台北放送局安南語廣播長」之類的。

當年彊柢在台北的辦公情景，我們可以這樣想像：每天他從御成町的住所出門，搭乘人力車或步行前往幸町辦公室，之後再到台北放送局演奏所看看同仁錄製節目。當時他眼中的台北放送所，一抬頭會看到中國蘇杭風味的馬頭牆，迎面而來的圓拱長廊、鵝黃色外牆、橘色馬賽克磁磚拼貼，都讓這棟建築帶著一抹南歐地中海風情。經

台北放送局（J.F.A.K），當時彊柢與越南語廣播隊出沒的地方。今台北二二八紀念館。

一九三九年台北放送局內部照片。止在進行「台湾唄の旅」全國放送。

過屋外那座高大的放送亭時，他會看到一群民眾聚集在旁邊，正豎耳聆聽廣播傳出來的聲音。

台北放送局的戶外喇叭亭，也就是台灣人俗稱的「放送頭」，建於一九三四年。喇叭用日本式石燈支撐，放置在台灣式飛翹屋簷下，可向新公園四面八方播放新聞與音樂。日治時期收音機非常昂貴並不普及，人們無法在家中收聽廣播，必須到固定場所才聽得到。日本戰敗宣布無條件投降時，天皇的玉音放送曾從這裡傳出。

踏入玄關，他調整呼吸，立刻聞到室內大量使用台灣檜木建材的芳香撲鼻，一樓設有大廳、接待室、辦公室、浴室、廁所等，許多大理石建材來自蘇澳。走上二樓，有一間能容納整個管絃樂團的演奏室，當時廣播節目的配樂都請樂團來演奏，因此演奏環境非常重要，其他還有休憩室、化妝室、廁所、餐廳等。二樓陽台外面擺放了幾張桌椅，他可能坐在那裡抽菸、讀報、喝咖啡。

根據林小昇之福爾摩沙研究社的文章指出，台北放送所在一九三一年配置了當年最先進的空調設施，由三菱商社株式會社台北出張所負責施工，是台灣第一座設有冷氣的公共建築。當彊柢在台北悶熱的夏季，聽著蟬鳴揮汗如雨時，一定很期望趕快進到錄音室享受冷氣吹拂，那種涼爽舒暢的感覺，讓他的台北生活充滿了科技帶來的新鮮便利。

彊柢在台北的越南語廣播隊在日本人主導下辦得有聲有色，驚動了法屬印度支那政府。根據陳美文的研究指出，法國人為阻絕越南王子透過電波對越南人民聲聲呼喚，刻意在越南製造很多不利於他的謠言，例如彊柢娶了日本天皇女兒，生下混血小孩，早就忘了越南；或者越南王子躲在泰國與中國，早就遠走高飛，放棄越南國籍等。各種謠言滿天飛的時候，事實上他跟日籍太太安藤千枝（Ando Chieko）就住在台北，他們結婚十多年並沒有生育小孩，事實上他心知肚明枕邊人很可能就是日本政府派來監視他一舉一動的人。

彊柢從年輕時就很欽佩創建中華民國的孫中山，他也知道孫文革命背後依靠日本人支持，他正是依循孫文模式走上這一條路，因此我推測彊柢應該去過當年孫中山來台下榻的梅屋敷，畢竟梅屋敷就在他居住的御成町範圍之內，走路就可到。

梅屋敷是當年孫文來台去過的地方，距離彊柢御成町的住家很近，我推測崇拜孫文的彊柢很可能也去過。梅屋敷現為國父史蹟館，在台北火車站旁。

王子與彭瑞麟在幸町、太平町、新北投的拍攝互動

彭瑞麟留下的私人物件之中，保存著不少跟越南有關的照片、書籍，還有認真學習越南語的筆記本等，由於這部分的日記都使用日文寫成，以下篇章我僅就目前翻譯出來的資料去還原當年彭瑞麟跟越南人交往的過程，推理出他們之間曾有的互動紀錄。

一九三九年彭瑞麟從廣東回台後，繼續經營阿波羅照相館，年底台灣總督府主導的台北放送局越南語廣播隊正式開播。按理說，彊柢這群越南人長期流亡海外又被法國政府通緝，基於人身安全應該對拍照這事有所警戒，照相在當時是一件正式的事，拍照者與攝影師要近身接觸，更何況貴為皇室成員。

但彊柢這批越南人在台灣留下十幾張畫質清晰、饒富品味的照片，時間集中在一九四〇至一九四一年，我推測這背後跟一九四〇年七月法國被納粹占領後，成立親近軸心國的維琪政權（Vichy France），連帶影響到遠東殖民地的法屬印度支那有關。所謂維琪政權指的是二戰時德軍占領法國後扶植的傀儡政府，當時法國在貝當將軍的主導下正式向納粹德國投降，這個國際局勢發展對同為軸心國的日軍來說是一大利

多。沒多久後，日軍為切斷美國從滇緬公路援助中國的補給線，便施壓法屬印度支那政府讓日軍進駐越南北部，正式入侵越南，史稱「仏印進駐」（仏在日語中指的是法國，印是印度支那）。

彊柢第一時間聽到日軍將兵力推進到他的故鄉，一定馬上從榻榻米站起，非常振奮，他離開越南流亡海外將近三十年，江湖都跑老了，終於等到日本進入越南的這一天，他對日軍占領越南趕走法軍深具信心，願意配合各種情報宣傳戰，可能因為這樣彊柢等人想在台北找攝影師拍照，找上了大稻埕擁有日本宮內廳攝影資格的彭瑞麟來負責。彊柢本來就對攝影很感興趣，他在日本時曾花了兩百四十圓買過一台相機，當時一台相機的價錢等於一棟房子，非常昂貴。我猜想他第一次跟彭瑞麟見面時，或許會聊到攝影或照相機方面的事，搞不好他還把自己的相機拿來給彭看也說不定。

彊柢與彭瑞麟無論是講日語或寫漢字，彼此溝通毫無問題，更何況兩人都有東京與廣東的生活經驗，即使台北榮町還有很多日本攝影師，即使阿波羅照相館收費比其他台灣攝影師貴，從此彊柢拍照就找彭瑞麟。一開始彊柢對彭瑞麟隱瞞了他的真實身分，應該是彼此相處一陣子後，彭瑞麟才得知這位林德雄或南一雄先生真實身分是越南阮朝皇室的代表，他在相簿註明為阮福「檑」柢殿下。

越南人是彭瑞麟當時重要的客戶，他因為替越南語廣播隊拍攝照片，多次進出幸町一四七號這個地址，當時外拍業務是照相館營運很重要的收入來源，他也常接受公部門、商社、學校、婚喪喜慶等外拍委託。由於他常去幸町一四七號，我猜測他與劉明朝以及劉夫人林雙彎也認識，劉明朝當時任職台灣總督府殖產局山林課長（三等一級事務官，正五勳五），是台灣人裡面官位最高的代表，劉明朝住址登記在幸町一四七之一三，由此推論劉明朝的住家與越南語廣播隊辦公室比鄰而居，應該是互相認識，打過照面的鄰居。

一九四〇年彭瑞麟拍攝的彊柢（右二）、黃南雄（帶眼鏡者）、黎忠（左一）等越南人，可能攝於台北幸町一四七號，今濟南路、齊東街附近。幸町一四七號為「越南復國同盟會」領袖彊柢在台北進行廣播宣傳活動的辦公處所。

當時彭瑞麟的三歲多的長子彭良岷也在這當中扮演畫龍點睛的角色。根據彭瑞麟私人相本紀錄，彊柢、陳希聖、黎忠等越南人都很愛買童裝童鞋送給彭瑞麟的小孩，由照片可以看出當時彭瑞麟一家人的日常生活以及越南人表達心意的方式，非常有人情味，或許是越南人在海外從事艱難複雜的革命之餘，對於天真活潑的孩童由衷愛護所致。而彊柢曾在深夜悄悄造訪彭瑞麟的夜貓子習性，從以下彭瑞麟日記摘要也可看出端倪：

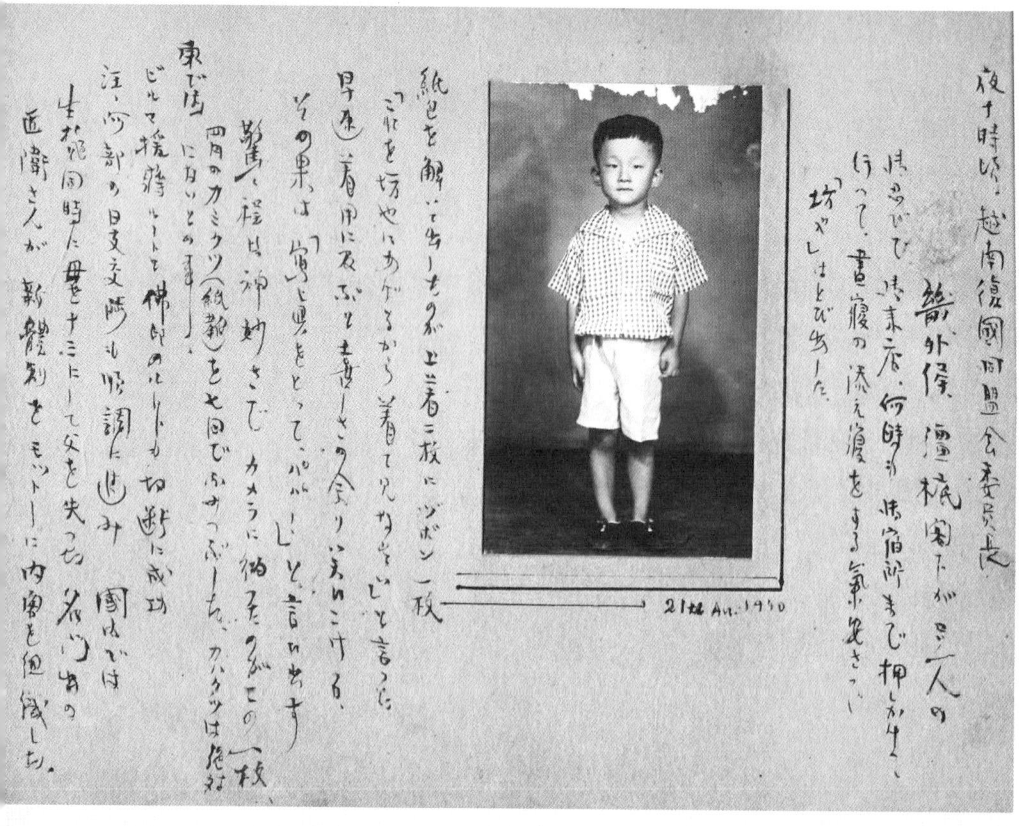

一九四〇年八月二十一日晚上十點左右，越南復國同盟會委員長畿外侯彊柢閣下獨自祕密來到店裡。「男孩」一如往常的輕鬆中跳了出來，就像要去他的旅館睡在他的旁邊似的。我打開紙包，取出兩件襯衫還有一條褲子。「我想把這個送給男孩穿穿看」他說。我兒子馬上穿上，很高興地說「拍張照，爸爸！」這張照片是他看著鏡頭露出出人意料的認真表情時拍下的。

照片中小男孩是彭瑞麟的長子彭良岷，他穿著的格紋襯衫與短褲是越南王子彊柢親自送的。

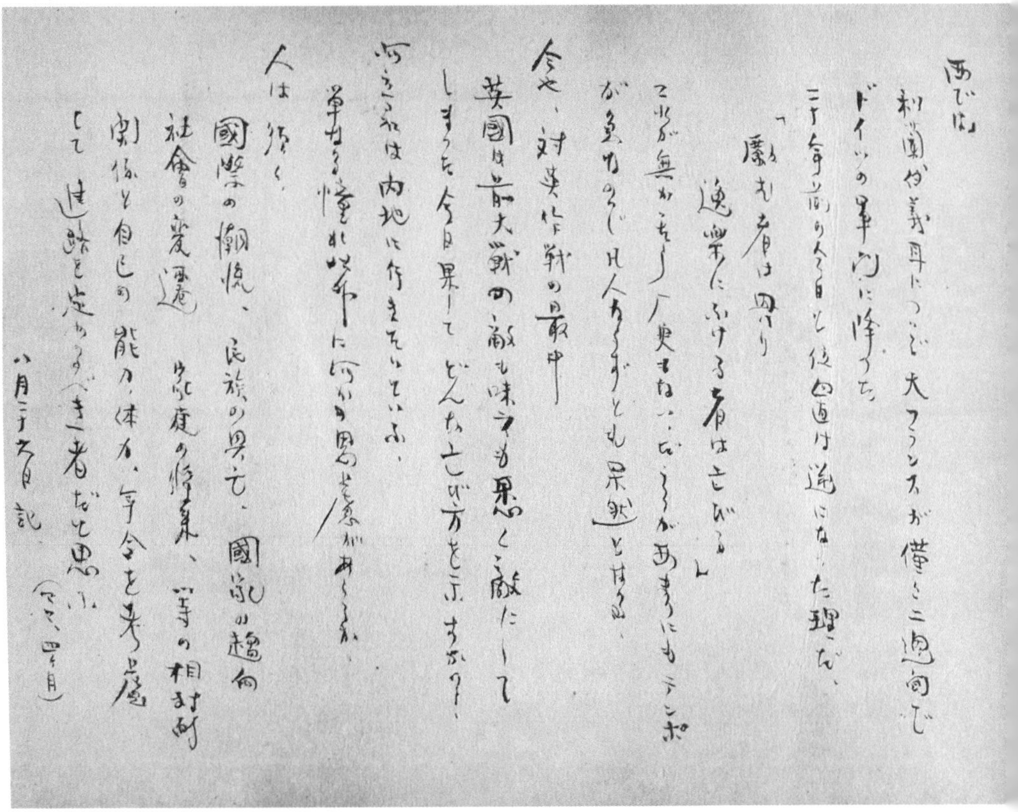
西では」
和蘭が義耳について大フランスが僅々二週間で
ドイツの軍門に降った
二十年前の人々は[illegible]理だ、
「勝れる者は興り
逸楽にふける者は亡びる」
これが無かったら人類史もないのだが、あまりにもテンポ
が急なので凡人は[illegible]とする。
今や、対英作戦の最中
英國は前大戰の敵も味方も悉く敵にして
しまった今日果して どんな亡び方を示すか？
何といふは内地に[illegible]ていふ、
革命を憧れる[illegible]に何か思案があるか。
人は須く
國際の潮流、民族の興亡、國家の趨向
社會の變遷、家庭の事業、等の相對的
関係と自己の能力、体力、年令を考慮
して進路を定めるべき者だと思ふ
(ママ、四月)
八月二十六日 記

還有一張照片記錄了彊柢、彭瑞麟、陳希聖、姜鼎元（大稻埕米商）四人在北投溪畔的合影，照片中彊柢手搭著膝翹腳而坐，舉止輕鬆，證明他去過北投，以他優渥的薪資待遇也可能住過當年北投最高級的佳山溫泉旅館（今北投文物館），他在留日期間去過信州泡湯，對於溫泉文化相當熟悉，可見他在工作閒暇之餘，跟上台北流行生活品味。我對於彊柢為何會跟一九四〇年代台灣正米市場組合書記長姜鼎元合影感到好奇，根據王淑美《媒體科技與現代性——回溯三〇年代臺灣的廣播經驗與都會生活》的研究指出，日治時期台北放送局每天下午都會播報「臺灣正米市場組合」發布的臺灣米市行情並播報日本股市行情，當時有些台灣人利用預測白米交易的期貨行情來進行賭博活動，或許因為廣播與資本市場這層關係，才讓越南皇室成員彊柢與大稻埕米商姜鼎元同坐合影，而姜鼎元跟彭瑞麟一樣出身竹東客家人，是彭瑞麟台北師範學校的學長，兩人是在被日軍派去廣東從軍時認識的。

由左至右：彭瑞麟、陳希聖（彭瑞麟三子義父）、姜鼎元（大稻埕米商）、
彊柢，攝於一九四〇年十一月二十五日新北投。

一九四〇年十二月，照片中著水手服童裝的小男孩彭良岷是彭瑞麟長子，這套童裝是越南廣播隊員黎忠（後右一）送的，男童的鞋子則是另一位越南人陳希聖送的。黎忠是從香港來台的成員，他的妻子則是照片中的右邊女性 Kamaza。

越南人陳希聖（彭瑞麟三子義父）與黃南雄（越南傳統國服）。彭瑞麟在相片旁寫道大家是因為戰爭而連結在一起。

穿著越南傳統國服的彭瑞麟。他向黃南雄借了衣帽來自拍，非常有趣。

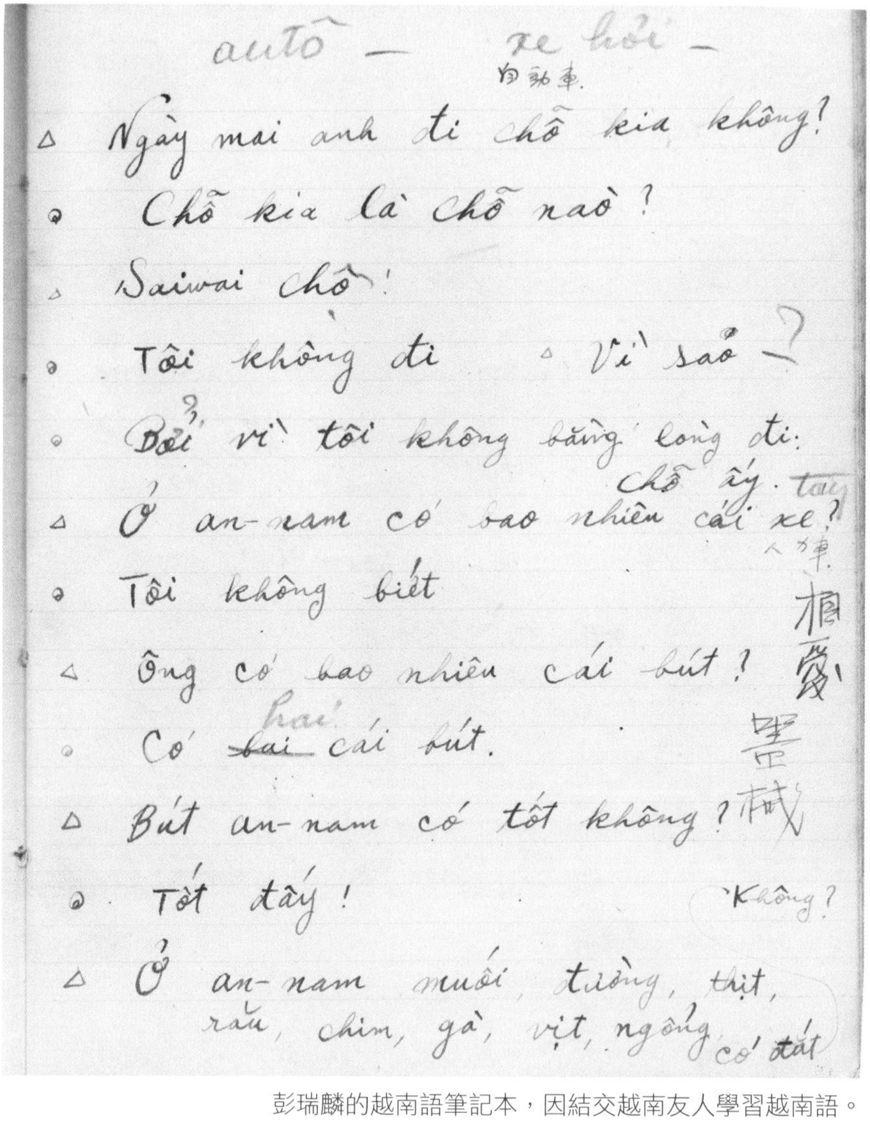

autô — xe hơi — 自動車

△ Ngày mai anh đi chỗ kia không?

◦ Chỗ kia là chỗ nào?

△ Saiwai chỗ!

◦ Tôi không đi △ Vì sao?

◦ Bởi vì tôi không bằng lòng đi. chỗ ấy.

△ Ở an-nam có bao nhiêu cái xe? 人力車

◦ Tôi không biết

△ Ông có bao nhiêu cái bút? 相愛

◦ Có ~~bai~~ hai cái bút. 器械

△ Bút an-nam có tốt không?

◦ Tốt đấy! Không?

△ Ở an-nam muối, tương, thịt, rau, chim, gà, vịt, ngỗng có tất

彭瑞麟的越南語筆記本，因結交越南友人學習越南語。

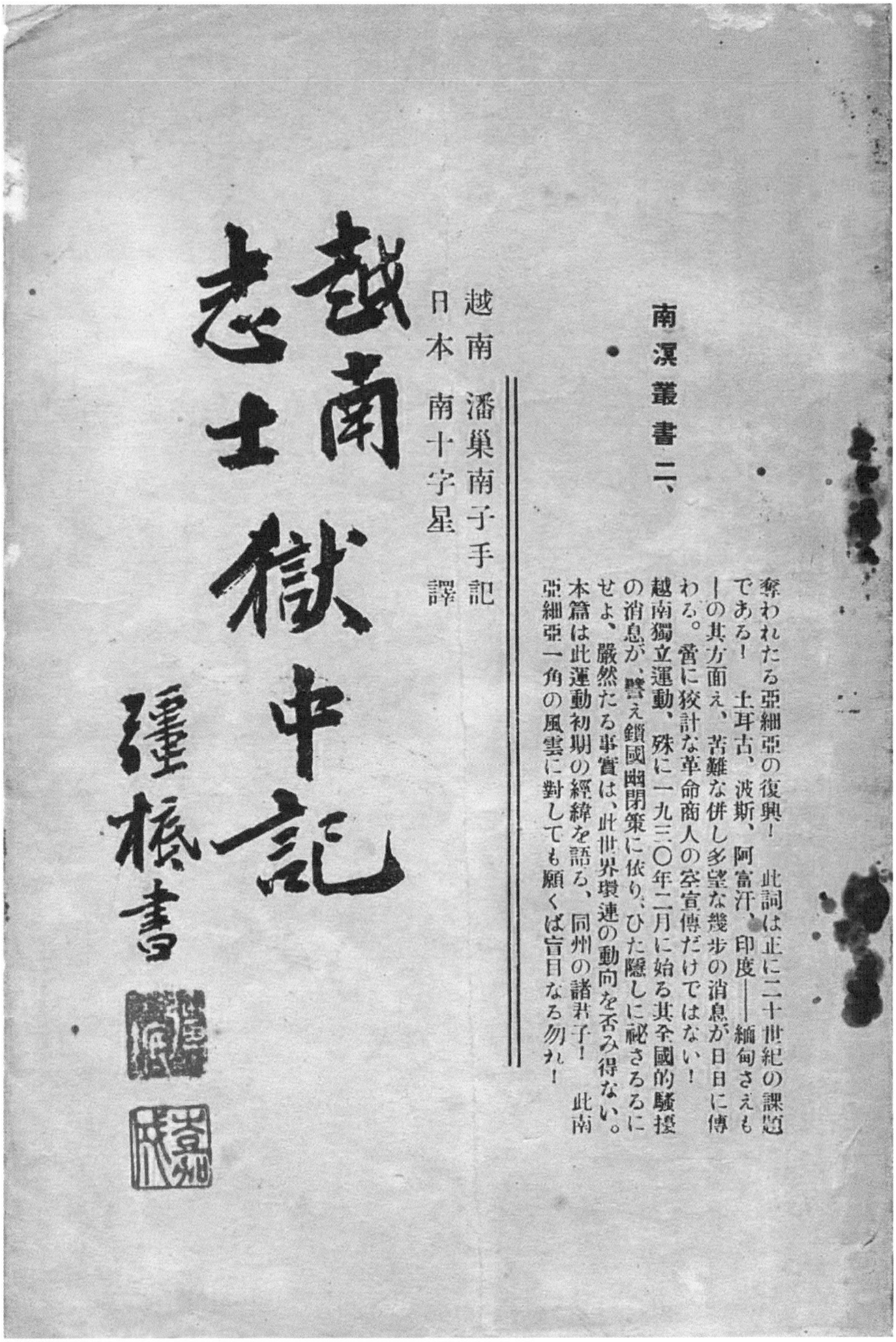
南溟叢書 二、
奪われたる亞細亞の復興！　此詞は正に二十世紀の課題である！　土耳古、波斯、阿富汗、印度——緬甸さえも—の其方面え、苦難な併し多望な幾歩の消息が日日に傳わる。啻に狡計な革命商人の空宣傳だけではない！　越南獨立運動、殊に一九三〇年二月に始る其全國的騷擾の消息が、譬え鎖國幽閉策に依り、ひた隱しに祕さるるにせよ、嚴然たる事實は、此世界環連の動向を否み得ない。本篇は此運動初期の經緯を語る、同州の諸君子！　此南亞細亞一角の風雲に對しても願くば盲目なる勿れ！
越南　潘巢南子手記
日本　南十字星　譯
越南志士獄中記
彊柢書

彭瑞麟珍藏的《越南志士獄中記》日文版。此書應是彊柢贈與彭瑞麟作為紀念。作者潘巢南子就是潘佩珠的別名，潘佩珠曾受到梁啟超鼓勵，寫下多本著作，最有名的一本叫做《越南亡國史》（*Việt Nam vong quốc sử*）。

王子遭到日本背叛

一九四〇年九月，日軍為切斷美國從滇緬公路援助中國的補給線，正式入侵越南，彊柢馬上與遠在中越邊境的越南復國軍將領陳中立（Trần Trung Lập）聯繫，指示他要全力配合日軍進攻越南。人在台北的彊柢，滿心期待著能跟隨日軍一起進入越南，他應該曾指示越南語廣播隊全力營造日軍進駐仏印（法屬印度支那）的氛圍，同時日本人也打算利用彊柢這張王牌進行大外宣，藉此降低越南人民對日本入侵的反感。彊柢甚至開始計畫從基隆港搭乘日本軍艦，回到他闊別多年的故鄉，但他的夢想就像迴光返照、海市蜃樓般很快就幻滅。

彊柢沒有料到，日軍在國際情勢的綜合考量下突然轉向，決定跟法軍合作，槍口反而對準了陳中立率領的越南復國軍。一九四〇年底，集結在中越邊境的越南復國軍遭到日軍與法軍聯手夾擊，陳中立不幸陣亡。事後彊柢為了紀念陳中立的犧牲，特別在台北幸町一四七號舉辦隆重的追悼會，請到了彭瑞麟的攝影團隊負責拍攝記錄，追悼會現場彭瑞麟就坐在彊柢旁邊。國際關係的詭譎狡詐，列強外交的暗盤交易，彊柢

一九四〇年十二月彭瑞麟（右跪者）參加越南復國軍司令陳中立追悼會，他旁邊是彊柢。左方穿袈裟者為松原師，左側前排的男子為黃南雄。畫面中可看見日本太陽旗與越南復國同盟會的會旗並列。

遭到日本背叛的落寞身影，都被彭瑞麟的相機「喀擦」一聲忠實記錄下來，這是日本與越南歷史中最令人不安卻最現實的一天，彊柢被日本人掃到旁邊，因為日本人更加關注他們能否在二戰中生存。

根據王世慶《日據時期台灣外事日誌》臺灣事情昭和十七年版記載，一九四〇年十二月台灣總督府針對在台的外籍人士四萬五千四百八十二人做了一份詳細統

一九四一年彭瑞麟拍攝的越南復國同盟會人，他們來台參與台灣總督府的越南語廣播隊，柱子旁還有一位穿著西裝的白人身影，頗為神祕。

一九四一年五月二十七日拍攝的越南語廣播隊，攝於台北幸町一四七號（今濟南路、齊東街附近）。

計，人數最多的是中華民國籍占四萬五千多人，其次是西班牙籍三十三人，接下來是英國籍二十九人，法屬安南籍十五人，美籍十三人，義大利與蘇聯各七人，荷籍五人，泰籍四人，德籍兩人，從這份資料可看出當時越南人還比美國人略多，也是東南亞國家中跟台灣關係最密切、勢力最龐大的族群，這跟彊柢率領的越南語廣播隊駐紮在台北有很大的關係。

彭瑞麟拍攝的越南建國紀念日活動，照片中是阮朝開國君主嘉隆世祖高皇帝的靈位，靈位後面懸掛著日本國旗與越南復國同盟會會旗。

一九四一年五月二十七日越南語廣播隊在台北幸町一四七號的辦公室舉行了一場紀念越南嘉隆世祖高皇帝建國紀念日的活動，嘉隆皇帝是彊柢的曾祖父，這場活動被彭瑞麟用相機記錄下來共三張照片，幾乎是當時所有在台灣的越南人總數，不過彊柢並未出現在照片當中。

吃完蓬萊閣舉世聞名的「爺孫照」

彭瑞麟因工作生活的關係都在大稻埕出入，他在擔任台北區寫真公會理事長及台灣寫真公會副理事長期間，執台灣攝影界牛耳長達三年，那段時間他常與親朋好友一同在氣派高級、有藝旦陪侍的蓬萊閣聚會吃飯。可惜有著鐘樓式三層樓建築的蓬萊閣後來被全部拆毀，原址在今日的賓王大飯店。

一九四一年六月二十七日這天仲夏時節，彭瑞麟招待彊柢、黃南雄兩對夫妻到蓬萊閣用餐。彊柢應是從今日中山北路二段附近的住所出發，他與夫人安藤千枝共乘一輛人力車，沿著民生西路直行，看到靜修女中的學生吱吱喳喳青春正盛的臉龐，這一段路已經讓他略為出汗，他拿起扇子搧風或用手巾擦拭，經過種滿七里香與榕樹的建成圓環之後，抵達了位於南京西路上的蓬萊閣。

蓬萊閣——日本時代的頂級餐廳

根據曾在蓬萊閣學藝的國寶級名廚黃德興在《蓬萊百味臺灣菜：黃德興師傅的料理人生》書中所述：

> 蓬萊閣是一棟非常高級氣派的三層樓建築，一樓是接待室和行政室，一樓大門左右兩邊各有一間特別房，是招待上等客人使用的包廂。二樓、三樓是宴會廳，二樓的宴會廳可容納六、七十桌，後來又加蓋三樓的宴會廳，約可辦一、二十桌，至於廚房則是在大樓後面。大樓玄關，車子可以直接開到門口，Boy 桑會出來招呼開車門，Boy 桑是端菜和服務的，也就是現代的服務生，以前都是男人當 Boy 桑，都戴手套、帽子，像穿禮服一樣很體面。他們的地位比不上廚師，不過小費多……蓬萊閣的門口還有花園跟樹圍，日本時代好像還有撞球部跟理髮廳……

此張照片顯示當年蓬萊閣內部的豪華氣派。一九四一年三月十八日彭瑞麟（前坐右三）在台北區寫真組合理監事改選後，與友人在蓬萊閣設宴的合影留念。

黃德興在書中也提到，當時蓬萊閣宴席一桌要價一百二十圓，所費不貲，食客多為紅頂階層的政商名流，蓬萊閣最出名的拿手菜有：一品鍋（一級湯底是用蛇肉、牛肉、雞和火腿一起熬，鍋身是紅銅製，鍋耳是麒麟造型，底下有五、六隻腳支撐，外面擦拭的紅紅亮亮非常貴氣。鍋裡通常有六樣菜，依價格決定用料，常見有鮑魚、婆參、金華火腿、鴿肉、鹿筋、魚翅等）、金錢蝦（半鹹水的港蝦剁碎摻荸薺、扁魚、蔥花，沾蛋白接著沾麵包粉，用豬後腿油下去炸）、百鳥朝鳳凰（一隻土雞代表鳳凰，八隻乳鴿象徵百鳥，先炸再蒸勾芡淋汁）、金銀燒豬（一豬三吃）、紅炖魚翅（尾勾翅）等，尾點通常是馬薯糕、鳳片糕、酥餅、椰子餅等，至於甜湯則有杏仁茶、杏仁豆腐。

透過黃德興名廚的口述歷史，我們可以想像彭瑞麟與彊梔等人在蓬萊閣用餐的情景，他們是否曾使用過蓬萊閣的撞球部與理髮廳？他們是否點了以上這些著名料理？他們最喜歡的又是哪一道菜？當時賓客如果吃到滿意的菜，還會特別請主廚過去，親自包個紅包給主廚以示感謝，不知道彊梔與彭瑞麟是否也會依樣畫葫蘆比照辦理？

吃完蓬萊閣後，他們一行人又到彭瑞麟的阿波羅照相館合影留念，在鋪著亞麻油毯的十坪攝影棚裡留下了經典合照，後來這張照片，成為彊柢流傳後世最重要的一張影像，直到今日仍可在日本、越南、台灣甚至法國的網路上找到，不過從來沒人提過攝影師是來自台灣的彭瑞麟，實在很可惜。

日本與越南學者都曾對這張照片提出陰謀論的看法，他們認為這張照片後來被日本政府拿去操作棄保效應，深深影響了越南二戰末期的政治外交走向。當時日軍在太平洋戰場的進展不如預期般順利，日本為了不要再節外生枝，不願得罪法國，因此暗中擁護親法的保大皇帝，決定拋棄長年扶植的彊柢。照片中的彊柢看起來三代同堂，和樂融融，有兒、媳、孫陪伴身旁，殊不知這兩個小孩是彭瑞麟的兒子。當越南人民看到照片後，誤以為彊柢早在日本另組家庭開枝散葉，心根本不在越南了，對這位浪遊王子感到非常失望，逐漸不再支持。

（左）一九四一年六月二十七日吃完蓬萊閣後，彊柢夫婦（前左二、前右一）、黃南雄夫婦（後左一、前左一）以及攝影師彭瑞麟與妻兒在阿波羅寫場合影。彭瑞麟在相簿中記載剛出生的二子「良岷君徹底睡著了，便不叫醒他」，還寫到二十二日德蘇開戰、國民政府主席汪氏（精衛）訪日歸京後樞軸國（德義兩國為首的軸心國）正式承認汪精衛政權。

彭瑞麟的妻兒與彊柢夫人安藤千枝合照。安藤千枝應是日本軍方安排的人，負責照料並監視彊柢，倆人並未生育小孩。這張照片的衣著與上一張不同，應在不同時間拍攝的。

日後越南末代皇帝保大也曾提過這件事，他一直以為日本人會支持彊柢返回越南登基，畢竟彊柢是阮朝皇室嫡長子系統又是日本長期扶植的人。但日本私下派人向保大再三保證，會全力支持他而不是彊柢，保大才意識到日本為了戰爭利益隨時都可能犧牲彊柢。

這張照片拍攝後的一個月，一九四一年七月，日軍更進一步占領了越南南部，至此整個越南淪為日本屬地。不過日本雖占領了整個越南卻無意統治，只想利用越南作為入侵其他東南亞國家的補給基地，因此日本讓法國繼續殖民越南，讓法國的三色旗繼續在越南土地飄揚，換言之，日

彊柢（署名南一雄）一九四一年九月十五日從東京寄了一張明信片給彭瑞麟，問候了彭瑞麟兩名幼子，並提及會再來台。郵戳日期落在十月二十七日。

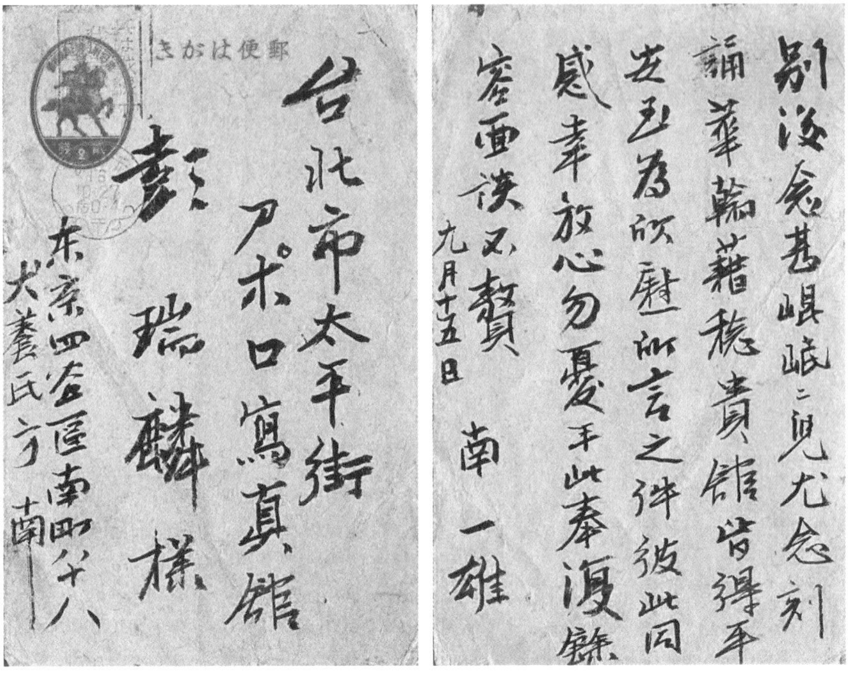

本支持保大皇帝的態勢已經完全公開，不再遮掩。彊柢至此心灰意冷，日本在戰爭利益與國際現實下再度背叛了他，但人在屋簷下不得不低頭，他又能如何？因此在台北度過六十大壽（虛歲）後，他開始打算搬離台灣，回到東京再看情勢如何發展。

一九四一年九月，法國維琪政府在台北開設駐台領事館，首任領事為布洛德（Michel Blot），他是史上第一位駐台的法國政府代表。彊柢也可能考量到日本與德法之間必定會進行利益交換，何時會犧牲他也說不定，待在台北未必安全，可能因為這層顧慮他決定離台，畢竟他長年建立的人脈資源多在日本。根據國史館資料，台灣總督府在一九四一年十二月二十四日

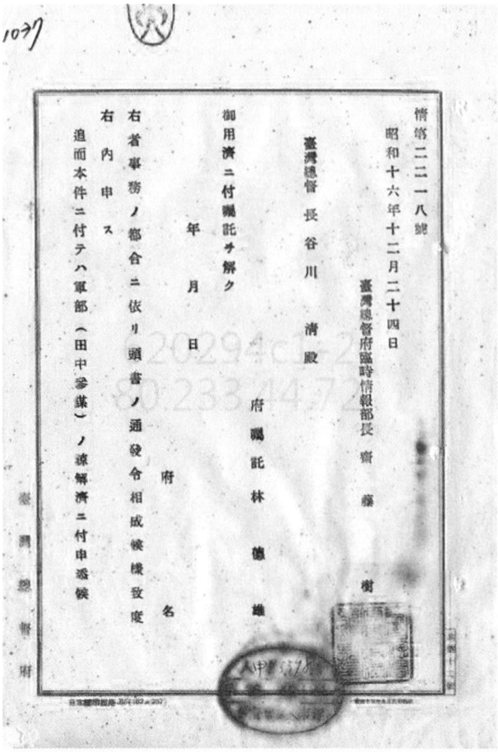
情第二二一八號
昭和十六年十二月二十四日
臺灣總督府臨時情報部長 齋藤樹
臺灣總督 長谷川清殿
府囑託 林德雄
御用濟ニ付囑託ヲ解ク
年 月 日 府 名
右者事務ノ都合ニ依リ頭書ノ通發令相成候樣致度
右內申ス
追而本件ニ付テハ軍部（田中參謀）ノ諒解濟ニ付申添候
臺灣總督府

一九四一年十二月二十四日，台灣總督府發布的彊柢（林德雄）辭令。

批准了彊柢的辭令，珍珠港事變後他跟台灣的緣份走到盡頭，有段時間彭瑞麟還會把兒子照片寄給人在東京的彊柢，兩人自始至終保持君子之交。

珍珠港事變與越南高臺教

根據郭岱君《重探抗戰史》卷二的研究指出，二戰期間美國政府曾警告日本不要插手東南亞事務，否則就要對日實施經濟制裁，結果一九四〇年日本進軍越南北部，隔年又拿下越南南部，致使美國警覺事態嚴重，雙方和談無效後美國決定對日本採取禁運石油手段，此舉招致日本反彈報復，決定偷襲夏威夷珍珠港。

一九四一年十二月八日，日軍以台灣玉山為密碼，發出「登上新高山一二〇八」行動代號，成功偷襲了太平洋彼岸的夏威夷，爆發史上著名的珍珠港事變。消息一出，台灣總督府立刻動員人民提燈籠上街慶祝，美日至此正式翻臉全面開戰，太平洋戰爭開打。

之前提過日本商人松下光廣一九二〇年代在越南成立大南公司，到了二戰時期日軍占領越南之後，松下光廣儼然成為日軍在越南的主要軍需承包商。珍珠港事變後，松下光廣在越南的公司小到五金、雜貨，大到紡織廠、機場、港口、造船廠等海空基地，全都被他包下，他暗地裡也幫日軍收集情報，奠定了越南最大日商的雄厚實力。

松下光廣在西貢（今胡志明市）與堤岸周圍地區承包了數個機場以及造船廠的工程計畫，他雇用了向來支持彊柢的數千名越南高臺教徒作為勞力來源，高臺教徒們辛勤建立造船廠與機場的目的，是為了迎接彊柢哪天返國的願望，高臺教也藉此換取受到日軍保護，松下光廣的大南公司最後靠著與高臺教合作，擴張成為一間擁有九千名員工的軍火貿易商。根據陳美文研究指出，白天高臺教徒為日本人蓋造船廠，到了晚上他們接受日軍訓練，做好準備對抗法國殖民者，這些活動得到了彊柢與日本方面認可。高臺教與日軍有驚人的共生關係，當時越南南部的高臺教徒約有一百五十萬人，是一方之霸勢力龐大。

高臺教發源於越南南部的西寧省（Tay Ninh，位於胡志明市西北方一百公里處，與柬埔寨相鄰），是越南第三大宗教，僅次於佛教與天主教。高臺教由吳文釗（Ngo

發源於越南南部的高臺教一直是擁護彊柢回國登基的忠心者，二戰時期他們與日軍關係親密。此為高臺教於正午舉行的聖殿儀式。

Van Chieu）創立於一九二〇年的法屬印度支那時期，是一個融合了儒教、佛教、道教、回教、印度教、天主教、基督教、民間信仰，甚至共濟會等多元教義的本土宗教。創教之初法國人認為高臺教的成立有助於安撫農民情緒因此予以核准，但後來法國人發現高臺教與日本軍國組織黑龍會往來合作越走越近，又捐鉅款支持流亡海外的彊柢，於是開始打壓高臺教，甚至將高臺教領導階層包含范公稷在內的五人，流放到馬達加斯加島作為懲處。

彭瑞麟日記裡的太平洋戰爭

彭瑞麟在日記中記載了珍珠港事變後的國內外情勢，他曾寫過「世界的局勢就像風車一樣旋轉著」的句子，他也收集二戰時期國際新聞剪報，例如美國亞利桑那州爆發嚴重排日風潮等，他對於國際局勢變化有著鮮活敏銳的觀察，筆下的文字紀錄彷彿記者報導，我認為這跟他工作上與越南人接觸相當有關係。據他日記所述一九四〇年台北的酒家與相館還相當繁榮，只有米與砂糖是配給，其餘物資均不受影響。到了一九四一年十二月爆發珍珠港事變後，日常生活開始緊縮，以下他的日記文字可以當成台灣人對珍珠港事件的反應，以及台灣人怎麼看待太平洋戰爭的國際新聞：

一九四一年十二月七日，時隔兩年的返鄉，回到二重埔時，父親的三回忌法會已經完成了。隔天一早六點，收音機的新聞傳來了戰爭的消息，可謂開天闢地以來最大的戰事。東亞的存亡興廢就在此一戰了。廣播隨即發出了警戒警報，所到之處都是收音機所發出的警報聲。有參軍資格者都被要求留守家中等候傳喚，接下來連續九天的日用品讓阿立帶著，店裡也確立了戰時體制。經過六天的連勝捷報，大家也就回到了店內。

香港淪陷，婆羅洲、馬尼拉、新加坡、巨港、爪哇、蘇門答臘、西里伯島（即蘇拉維西島）、仰光、曼德勒等地也占領了，克里磯多島*的淪陷使

* 注：當時麥克・阿瑟自此撤退，並留下「我將重返（I shall return）」的名言。

得整個南洋都籠罩於「日之丸」旗之下（即日本國旗），緬甸也與其他地方一樣受到軍政府掌管，相繼發表了軍政顧問、司政長官等等之名單。

國內正進行第二次的銅鐵徵收，將家中的從軍紀念銅製花瓶、軍盔、學士會員門牌等繳納出去當作奉獻。今年七月三十日，台灣的全島同業公會結成了，爸爸（此為彭瑞麟自稱）正式就任副會長一職，這樣一來，以爸爸的立場而言，可謂「頭碰上天花板了」。被全島的同業業者們所認識，真正地浮出水面，就是這一次了。除了郵政保險、國債、大豆債券、國民儲蓄、警官的紀念品費用、其他花費的增加，材料、藥品也變得難以入手，更不能再漲價，原本在後方作為支援的人民如今都上了前線，這也只是百般世態中的一小部分吧。

（爸爸開始了漢醫學的研究）

環顧四周，如今的世局已不知何時何處又再颳起陣風，僅能背對戰聲充斥的世間。把鋪著亞麻油毯的十坪攝影棚當作遊樂場的兄弟二人，看著他們每日遊戲的身影，爸爸壓抑著去廣東香港等地旅行的念頭，也克制地不到市內散策（散步但有意識的心態）。找香蕉、零食給這兩兄弟已經成為了爸爸的日課。一邊看著世界地圖，祈禱著兩兄弟能成為出色的人物：「仁義禮智信」。

根據台灣歷史博物館的資料顯示，一九四三年台灣總督府情報科為避免攝影在戰時成為間諜收集情資的工具，決定加強攝影物資的管控，底片、藥水均需管制配給，並舉辦第一屆「台灣登錄寫真家」活動，藉此盤點攝影師人數，入選的攝影家名字登錄在《登錄寫真年鑑》，才有資格購買底片藥水等攝影物資。當時共有三百多人前往應試，最後八十六位入選，其中二十二位是台灣人，最重要的是入選者會得到一枚刻著「台灣總督府－登錄寫真家章」的紀念勳章，別在胸前可當通行證自由走動。彭瑞麟的學生林壽鎰（戰後桃園知名林寫真館創辦人）曾回憶說，當時攝影師只要把這枚勳章別在胸前，就可以到處拍照不受干擾，非常神氣威風。另外根據攝影學者陳佳琦的研究指出，當時日本人對於攝影使用含有鎂成分的閃光粉，容易引發小型爆炸這樣的公共危險因子非常在意，因為拍攝時閃光粉碰到火焰即可點燃約1／10秒、如煙火般的光亮，但會產生大量煙霧和氣味具有危險性。綜合以上這些考量，台灣總督府舉辦這項活動，雖然一開始有保密防諜的軍事任務，但對於日後台灣攝影發展及人才養成反而具有鼓勵作用。

阿波羅照相館歇業

隨著日軍在太平洋戰場遭遇困難，台灣島內的狀況也跟著肅殺起來，彭瑞麟的阿波羅照相館也被捲入戰爭風暴中。日本人禁止店名使用阿波羅這種洋文外來語，於是彭瑞麟取阿波羅的諧音改成「亞圃盧」，以紀念石川欽一郎（欽蘆先生）與父親彭夢蘭（香圃），但取諧音日本人也說不行，他只好再改為「瑞光」。彭瑞麟曾說光是改店名的過程，就足以讓他萌生退出照相界之念頭，可見精神壓力之大。

彭瑞麟考量到戰時照相館經營困難，加上照相業有其季節性的限制，夏天門可羅雀沒人拍照，冬天過年時又忙得不可開交沒時間吃飯，於是一九四三年他未雨綢繆，師事游華學習中醫。彭瑞麟在大稻埕結識了當時醫術高明、享譽全台的游華醫師，見證了游中醫師出入仕紳之家，以精湛的醫術治癒身旁友人與自己的疾病，因此萌生了從醫的念頭，遂央請游醫生相授，加上彭瑞麟原本就出生漢醫家庭，對中醫並不陌生，為日後轉行預做準備。

一九四四年台灣戰況吃緊，中美聯軍的軍機頻頻轟炸，人人忙著躲空襲，阿波羅照相館逐漸進入歇業狀態，日本政府為了建立防空用地，計畫將阿波羅照相館所在的街道建築拆除，所幸後來計畫沒有執行，如今阿波羅照相館原址就在天馬茶房旁的三層樓建築，站在街口依然可看到與當年相符的街道場景。

戰爭重創了彭瑞麟十四年來一手創立的大稻埕攝影版圖，曾經幫越南皇室拍照，曾經跟越南皇室去蓬萊閣吃飯，曾經陪越南皇室去新北投遊憩的黃金年代已然逝去，不過留存的卻是彭瑞麟拍下了十多張彊柢來台的紀實攝影，無意間見證了二戰時期東亞地區的國際政治與外交情勢，因此他極可能是台灣第一位外交攝影家，比起一九六〇年拍攝美國總統艾森豪訪台的攝影師許捷芳，整整早了二十年！

彭瑞麟三子的越南義父

另外有一件事值得說一下，那就是彭瑞麟的第三個兒子彭良釗有位越南義父。

陳希聖本名陳福安（Trần Phúc An），日文名字為柴田喜雄，是一九三九年成立於上海的革命組織「越南復國同盟會」的核心人物，曾隨同盟會領袖彊柢一同停留台灣從事廣播宣傳活動，與彭瑞麟結識。一九四三年陳希聖因領導越南復國軍於越南北部諒山作戰失敗，逃亡廣州市後遭殺害。留日期間受到彊柢照顧，說得一口非常流利的日語，他曾在彭瑞麟的照相館拍過照片，也曾在新北投合影留念。

彭瑞麟在《回想寫真相簿》寫下彭良釗一九四四年出生前後的情況，他為了紀念彊柢最親近的心腹陳希聖，於是將他甫出生的三子作為陳希聖的義子，足見他們兩人交情相當深厚。原文紀錄如下：

「思想起
無論生男生女都是我的孩子，即使已有大兒子、二兒子，我還是希望這胎是男孩。正當我在思考如何命名時，管家撿來了『葫蘆卵』，結果不僅和同胞的弟兄有緣，對義父來說也有很好的意思在，所以就取名為「良釗」。釗是周康王的名字，有王者之意。」

彭瑞麟拍攝的三子義父陳希聖肖像。

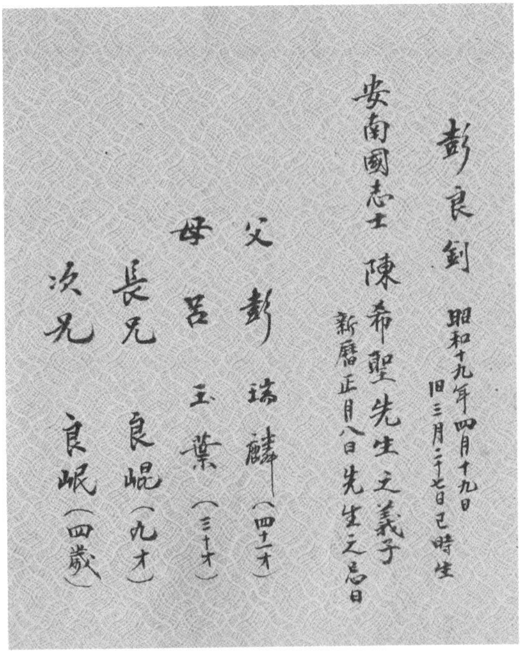

一九四四年（昭和十九年）太平洋戰爭時期，彭瑞麟親筆寫下他的三子彭良釗出生時有個越南義父名叫陳希聖。

Chapter 5
戰後的離人與歸客

美國領事葛超智眼中的越南人

珍珠港事變後，彊槭離開了台灣，不過他手下的越南語廣播隊員在整個太平洋戰爭期間一直待在台灣，跟著台灣人一起疏開到鄉下躲空襲警報。根據國史館資料顯示，黃南雄最後被疏開到蘆洲鄉三重埔箇子番一五五號，而陳佩龍則落腳在彰化鹿港中山路的隆昌公司，隆昌公司位於鹿港車站旁，是台灣知名家族辜家的產業之一。

一般認為，一九四五年三月九號日本發動「三九政變」到日本正式投降八月十五號的這短短五個月內，決定了越南日後的政治命運。所謂「三九政變」起因於英美盟軍成功在法國進行「諾曼第登陸」後，原先與日本友好的軸心國法國維琪政府垮台，改成戴高樂上台，這對日本掌握法屬印度支那不利，於是日軍在一九四五年三月九日發動政變趕走了盤據越南百年的法國人。

當時越南北方爆發嚴重的洪災與饑荒，加上日本人對越南資源（例如大米和橡膠）的嚴重剝削，也徵調不少台籍農業專家前往，導致越南人仇視日本人，且日軍在太平洋戰場的敗象已露。此時深具謀略的胡志明，發揮他敏銳的政治才能，巧妙地利用這五個月的時間在農村發揮組織動員力，透過起義或宣傳，迅速擴張越盟勢力，很快就獲得廣大民心支持。

根據陳美文的研究指出，日本人眼見胡志明聲勢越來越大，打算利用彊柢去制衡共產黨的崛起，因此一九四五年七月原本計畫安排彊柢回到越南，擔任保大皇帝的最高顧問，彊柢準備回國的消息在整個越南傳得沸沸揚揚。自從陳中立被殺後，彊柢對日本就不再像之前那般信任，但他仍為了可能返國的每一天做足準備，風聲如野火般蔓延，一時之間，歡迎歸國的布條幾乎就快掛上，彊柢也特別跟他的日本房東再三致謝，感謝他們在他流亡期間的幫忙與款待。可惜距離日本戰敗僅剩不到一個月，顯然沒有可用的飛機能載著這位流亡四十多年的王子回國，返鄉之夢隨風而逝，曇花一現，終戰之後誰還顧得了想回家的王子呢？彊柢再次被命運擺了一道，此番永遠錯過了回家的機會。

日本戰敗造成越南國內政局的權力真空，各黨各派鬥爭，南方北方意見分歧，最後胡志明帶領越共在情況混沌、政權交替的關鍵時刻，搶得宣布獨立的最佳時機，一九四五年九月二日，他在河內巴亭廣場登高一呼，宣布成立越南民主共和國（俗稱北越），正式翻開越南歷史嶄新的一頁。

二戰後日本人撤離台灣，政權交替之際時局混亂，這群原本依靠台灣總督府的越南語廣播隊員，一時之間不知何去從。當時美國駐台領事館官員葛超智（George Kerr，也譯為柯喬治）就對這些戰後滯台的越南人印象深刻，他在《被出賣的台灣》（*Formosa Betrayed*）提過他們遭到遺棄的尷尬處境，他是這樣寫的：

> ……我在美國駐台使館擔任海軍武官時，曾於一九四五年底寫過關於台灣島上一些有趣的外國人報告。有的是安南人因政治因素流亡到台灣，在日本戰敗後退出安南半島時，這群人就被遺棄在此……

國民政府來台後，黃南雄寫信給當時接收台灣的最高長官陳儀，請求中華民國外交部駐台灣特派員辦公署先行撥款，讓他們一行十八位越南人返回越南，之後會再請越南外交部返還借款。雙方經過交涉，中華民國外交部最後撥予舊台幣八十萬元給這十八位越南人當作回國旅費，由外交部駐台灣特派員辦公署辦理後續事宜。這群在台灣住了七年之久的越南人，終於在一九四七年二二八事件後離開台灣。

王子生前最後的訪客吳廷琰

二戰後彊柢這位越南老王子，只能在日本東京遠遠地觀察越南複雜的情勢。流亡海外數十年，經歷了那麼多次的失敗與打擊，他觀察到二戰結束後三十五歲的越南末代皇帝保大，隨即將象徵天子地位的國璽和寶劍交給越盟代表胡志明，和平地宣布退位，謙遜地結束越南史上最後一個王朝。這樣的舉動讓彊柢認定保大是一位顧全大局者，因此年老的他決定支持保大皇帝，認為越南的未來應由保大繼續帶領。

彊柢還親自寫信給法國總統奧里奧爾（Vincent Auriol），請他盡速推動改革為越南謀福利，他也曾透過麥克阿瑟將軍轉交一封信給美國總統杜魯門，請求美國幫助越南，敦促華府當局遏制共產主義，可惜都無具體成果。

老年的彊柢終於歸化入日本籍，改名安藤政雄（Masao Ando），他知道自己罹癌的身體來日不多，希望闔眼前做最後一搏，這位老革命家曾從泰國與香港試圖闖關入境越南，無奈均遭到遣返。

一九五〇年，越南阮朝官宦之子，也是天主教徒的吳廷琰（Ngô Đình Diệm，二戰曾躲入松下光廣位於西貢的大南公司尋求庇護），因拒絕加入胡志明的越盟，遭到越盟追殺。吳廷琰為了避禍，偕同他的哥哥吳廷俶（Ngô Đình Thục）前往義大利羅馬參加教廷舉辦的聖年慶典，赴歐之前特地轉往日本拜會六十八歲的彊柢，吳廷琰是彊柢生前最後一個公開接待的訪客。

據說吳廷琰在東京見到彊柢的那一刻，吳廷琰立即跪下說道：「殿下，您才應該是國王啊！」彊柢聽到後不禁流下眼淚，在吳廷琰心中，彊柢才是越南皇室的正統代表。兩人此次會面拍下照片作為紀念，照片裡的彊柢露出難得的笑容，這張照片後來輾轉送到了彭瑞麟手裡。吳廷琰因具有天主教背景，流亡歐美期間獲得西方支持，後來成為南北越分治狀態下的越南共和國（俗稱南越）首任總統，曾在一九六〇年訪台會見老蔣總統。

一九五〇年彊柢（前排中）露出難得的笑容，與吳廷琰（前排左三白西裝）、吳廷俶（前排右三黑西裝）兩兄弟合照。這張照片後來被彭瑞麟珍藏。

蔣介石提供王子移靈專機

一九五一年六十九歲的彊柢，儘管他半世紀以來都說得一口完美流利的江戶腔日語，臨終前彌留期間仍用越語不斷交代後事，用虛弱的母語反覆說著「兄弟們，不要互相殘殺，不要戰爭」。他囑咐死後他的骨灰要放在三處：日本東京、越南順化以及越南西貢。他逝世後葬於東京雜司谷靈園，日本文豪夏目漱石也長眠在此。

一九五四年長久以來擁護彊柢的越南高臺教教主范公稷，決定將彊柢的骨灰從日本迎靈回越南西貢。范公稷教主行前特別到台灣，跟我們老蔣總統商借了一架專機使用，剛好留日的老蔣總統也是彊柢東京振武學校的學弟，總之這架專機一路從台灣、日本，最後護送王子殿下返回越南。曾經帥氣熱血的越南王子，終於回家了，長眠在故土。

據日本學者立川京一指出，日本在二戰期間跟很多越南政治組織以及各宗教領袖都有接觸過，包含彊柢、高臺教、吳廷琰等，唯獨就是沒有跟越盟等共產勢力有來往，因此在一九七五年北越解放南越越戰結束後，影響了越南人怎麼看待親日派的彊柢歷史地位。而據法文資料顯示，潘佩珠被法國人逮捕入獄後，曾向殖民當局描述彊柢王子是一位平庸之人，這樣的說法也造成彊柢的歷史定位一度低落。

近年隨著越南改革開放，經濟起飛與國際社會交流熱絡，彊柢在越南的歷史定位也出現新的轉變。回顧彊柢一生，由於他流亡海外數十年，遭到日本人數次背叛，挫折不斷，但他始終維持強大的抗法意志，至今無論是北越人還是南越人，無論是民族主義者或共產主義者，都對他畢生奮鬥的歷程給予一定的推崇。

如今胡志明市第一郡精華區的孫德勝街（Tôn Đức Thắng Street），在一九七五年之前被稱為「彊柢大道」（Cường Để Avenue）。我記憶中這條路是一條美麗的綠蔭大道，也是莒哈絲電影《情人》的拍攝場景，路的兩旁都是高大濃密的龍腦香樹，樹齡均超過百年，深邃清涼的綠蔭讓人幾乎忘了這裡是終年如夏的熱帶城市。我曾在這條路上往復地走著，也曾坐上三輪車跟著車夫慢慢行過，街角修女們飄揚的頭巾與胸前的十字架隨風搖曳，孩童們在街邊騎腳踏車追逐的嘻鬧聲，美好的走街記憶，鮮活的市井百態，只是當時我並不知道這條通往胡志明市人文與社會科學大學的綠蔭大道，曾是西貢人紀念這位皇室愛國者與獨立運動家的「彊柢大道」。聽說現在這條路為了興建橋梁，把整條路的龍腦香樹都剷除了，真是非常令人惋惜。

匪。觀光團一行轉往砲兵陣地參觀尉問砲兵戰士，中午應劉玉章將軍招待午餐，下午遊覽金門市區，登高地眺望大陸，並參觀民享新村建設。

「中央社西貢十三日法新電」高臺教的「大元帥」范公稷，前往臺灣及日本訪問後，已於今日飛返西貢。范氏攜回了保大叔父的骨灰保大叔父是越南的「浪遊王子」，一九五一年客死於日本。范氏乘坐蔣總統所借的專機返來，身着白色高臺教長袍，手捧紅綾包裹的骨灰罎。他坐上一乘花車，上雕大龍燃點巨燭，在浩々蕩々的行列中，驅車至西貢戰爭紀念塔。「浪遊王子」的骨灰，即長眠於斯。

范公稷返西貢

「中央社臺北十三日電」專程回國祝賀國慶的泰國華僑觀光團，已結束在自由祖國的訪問，他們一行廿三人，于十三日晚乘民航機飛往東京考察日本工商業貿易情形，再由東京飛返曼谷

泰華僑赴日本

一九五四年十月十三日台灣中央社刊登彊柢移靈的新聞。

一九五七年彊柢的長子阮福壯烈 Tráng Liệt 在越南西貢出版的《彊柢的革命生活》（*Cuộc Đời Cách Mạng Của Cường Để*）。

彊柢晚年照片。

黃南雄力邀彭瑞麟到越南任官

二戰結束後，四十二歲的彭瑞麟曾在台北古亭短暫復業，也打算到士林開設一間結合X光醫學攝影的照相館，無奈一九四六年他突然遭人誣告，被軍警莫名其妙拘留了三周，好在他的台北師範學校學弟黃國書（本名葉焱生，曾任中華民國陸軍中將，後為第一位台籍立法院長）出手相救，他才得以平安釋放。緊接著隔年二二八事件期間，他的結拜兄弟、淡江中學老師黃阿統被抓走帶往沙崙，傳出被捆綁載往基隆，從此了無音訊，屍首終未尋獲。此事成為彭瑞麟一生傷痛，打擊甚鉅，他決定放棄台北事業回到新竹老家。歷經了戰前風光、戰時困頓、戰後白色恐怖，彭瑞麟先在新竹經營甘蔗園，後來重拾教鞭在二重國中任教，並在竹東協助經營愛樂寶照相館。

一九五五年發生了一件有朋自遠方來的事，讓彭瑞麟特別高興，感觸也格外深。當年阿波羅照相館的越南老顧客，總戴著圓框眼鏡、氣質斯文、身材高瘦的黃南雄，二戰後接受越南末代皇帝保大邀請，返回越南西貢任官，黃南雄藉著公務訪台之便，特地到新竹與彭瑞麟一家人見面敘舊，兩人走過大時代的動盪，還曾輪流穿著越南傳統國服拍照的私交往事，也讓黃南雄力邀彭瑞麟前往越南任官，不過彭瑞麟沒有答應。彭瑞麟一路看著黃南雄從當年法國通緝的黑名單分子，到後來返國述職的封官晉爵，兩人走過日治，行過二戰，還持續到冷戰時期，一九五五年的合影見證了台越邦誼美好的時代。

黃南雄當年雖然是彊柢在台北辦廣播的核心幹部，但他與中華民國的關係才是真

一九五五年來台出席亞洲人民反共聯盟會議的黃南雄（後左二），到新竹拜訪彭瑞麟（後右一），並與彭全家大小合影，彭瑞麟特別在照片旁題字：久別重逢歡影。同行者還有國大代表黃光化、客家大老姜欽城。

一九五五年，彭瑞麟舊識黃南雄（中）因出席亞盟會議從越南來台時，到竹東找彭瑞麟（左），右者為新竹地方政壇大老姜欽城。

正深厚，屬於知中派的越南人。根據國史館台灣總督府的檔案顯示，黃南雄一八九三年出生於越南河內，曾在越南漢文大學求學，之後到中國廣西陸軍講武學堂留學，一九一六年他從廣西陸軍步兵連長、營長、司令部參謀，然後成為滇軍第五路指揮官與參謀長。一九三〇年代之後，他轉而擔任心戰方面的文職，在華南文化協會中央本部事業部宣傳科工作。黃南雄一九三九年來台之前，主要活動地點都在中國廣西或廣東一帶，很早便與中華民國南方軍事將領例如白崇禧、黃杰、張發奎等將軍有過接觸。

一九四〇年十二月彊柢支持的「越南復國軍」武裝部隊在中越邊境遭到日法聯軍迎頭痛擊，兵敗如山倒，殘存兵力就逃入中國廣西尋求庇護。當時黃南雄與中華民國第四戰區司令張發奎將軍聯繫，最後張發奎將軍決定收容這批越南復國軍，作為日後共同抗日的兵源，於是提供他們庇護，供給食宿，收編安置。

根據《黃旭初回憶錄：從辛亥到抗戰》一書記載，一九四五年日本正式宣布戰敗投降，當時人在台北的黃南雄，一度擔心政權轉移所有在台灣的越南人會被當成戰犯處置，趕緊電請何應欽將軍幫忙，得到何應欽的擔保後，黃南雄與所有越南語廣播隊員才稍微鬆一口氣，重獲人身自由。

一九五〇到六〇年代，黃南雄在越南先後出任了農業部長、亞盟反共代表、新聞局長、越華會長、越南孔孟學會主席等重要職位，當台灣遭受八七水災、溫妮颱風重創時，黃南雄也曾代表越南政府撥款捐助台灣。他曾帶著金盾代表南越政府訪台，獲得老蔣親自接見，當時老蔣總統一度想把兵力投放到越南，希望從越南反攻大陸，後來這個計畫最後並沒有成功。黃南雄曾密集訪台，足跡踏遍台北、新竹、台中、日月潭、阿里山、台南延平郡王祠、成大等，還多次投宿在台南永安旅社與大華飯店，我想這是當年在台北做過廣播的黃南雄，始料未及的人生境遇。

晚年行醫的彭瑞麟

至於沒去越南任官的彭瑞麟，一九六二年五十八歲通過了中醫師資格考試，這對一邊教書一邊習醫的他來說相當不容易。一九七〇年代他從教職退休後，與學西醫的次子彭良岷，父子倆聯手在苗栗通霄開設了「新安中西診所」，傳為地方美談。彭瑞麟也曾幫「蝴蝶牌廣進針織廠」設計商標，跟著台灣一起踏上經濟起飛的年代。一九七五年他成為日本東洋醫學會的會員，用日文發表過數篇關於心臟病、五苓散的中醫論文。一九八四年過世，享年八十歲。

據彭瑞麟次子彭良岷醫師說，彭瑞麟是很感性的人，感情很豐富，但家中小孩都怕他，通霄老家有一庭院水池，種有九重葛與許多盆栽，彭瑞麟晚年經常站在那聽風，感受自然界的景物，也常常哼唱學生時代在台北師範學校學過的原住民歌。

彭瑞麟的孫女彭雅倫曾這樣描述她的祖父：「祖父個性前衛愛冒險，除了熱愛攝影，對生命也充滿熱情，常常帶著一套修照片的工具就開始環島，到學生們在全台各地開的照相館幫忙」。她表示彭瑞麟的攝影作品裡有很多他個人的思想在裡面，但彭雅倫也說祖父有恬靜下來的時候，她轉述二伯彭良岷醫師的回憶說，晚年的彭瑞麟常常在與親朋好友聚餐過後，顯得悶悶不樂，可能那樣的歡樂場景勾起彭瑞麟對已然逝去的大稻埕黃金年代的無限感傷……。

彭瑞麟有感於戰火無情，人生無常，著手整理他手邊所有的相片集結成冊，也替七個小孩製作個人相簿，每張相片細心搭配文字解說，成為保存家族回憶與時代印記最珍貴的攝影史料。學者馬國安曾說，彭瑞麟應該是台灣最早有意識地完整保存個人生命史紀錄的藝術家。攝影是一門選擇的藝術，怎樣的選擇代表怎樣的思考，我認為彭瑞麟他用自己一個人的力量，悉心留下的珍貴相簿與時光印記，有意識或無意間守護了台灣史、攝影史、藝術史、常民史，甚至外交史、亞洲史的一角，具有跨時代、

一九五四年彭瑞麟拍攝的一家九口全家福。彭瑞麟寫著：「此時要在何處合影，多少人為一家，是他當前唯一的興趣。」他的長子彭良崐為前成功大學教授，二子彭良岷與四子彭良均亦為醫師，長孫彭裕弘為小兒科醫師，再加上彭瑞麟父親亦為醫師，可謂醫師世家。彭家後代開枝散葉，在各領域皆有所成。

跨領域、跨文化的整合性貢獻，也讓台灣、越南、日本找到彼此脈絡裡的最大公因數。

附錄

一、彊柢的玄孫女來台辦喜宴

本書最後要提一下越南文物收藏家許燦煌和他的越南房東阮福輝光（Nguyễn Phú Huy Quang），他們的故事曾登上BBC越文網受到很大的迴響。

一九九〇年代許燦煌是一位前進越南的台商，從事日系化妝品代理事業，不過他跟一般常去酒店消費的台商很不一樣，他是文青台商，閒暇之餘最愛逛的就是胡志明市舊書店，本來就愛看書的他，起初只是想找些中文書解解鄉愁，結果赫然發現那裡藏了許多漢文的線裝古書。他曾一口氣買下幾百本的清末民初線裝書，心裡盤算著要將這批書運回台灣再轉手出脫，畢竟當年光華商場的線裝書每本要價三五千元起跳，很有利潤空間。

有一回，他看到一疊像「奏摺」的漢字文書，寫著「嗣德」的年號（嗣德是越南皇帝，在位期間從一八四七至一八四三年），老闆娘開口要價一萬五千美金。當時他對越南歷史並不了解，心想老闆娘要騙人也不是這樣狠削，於是隨口說他家裡的金庫總共也只有三百美金，結果老闆娘二話不說先收訂金，然後銀貨兩訖成交。想不到隔天，老闆娘急呼呼要求加價贖回，他馬上嗅出不尋常的契機，原來他昨天買的那批奏摺，是貨真價實的珍寶，從此他一頭栽進收藏越南古書的洞天之地。

當年許燦煌租屋在胡志明市第五郡陳平仲街（Tran Binh Trong Street），房東叫阮福輝光，人稱阿光，非常照顧他。阿光是一位不囉嗦不計較的好房東，因此他與阿光一家人同住了五年，阿光也成了他的拜把兄弟。阿光看他常常去阮氏明開路（Nguyen Thi Minh Khai Street）的舊書店帶回一堆的古代聖旨奏摺，熱衷收藏越南古書，於是就把自己珍藏多年的兩本越南國寶級經典巨著送給了他，一本是陳仲金的《越南史略》（*Trần Trọng Kim, Việt Nam Sử Lược*），另一本則是阮攸的《金雲翹傳》（*Nguyễn Du, Truyện Kiều*），這兩本書對許燦煌來說非常重要，前者開啟了他對越南文史的認識，後者則讓他接觸了越南古典文學。

許燦煌接過《越南史略》隨手翻閱時，阿光突然指著阮氏皇朝那頁，開口跟許燦煌說，他其實是阮朝開國皇帝嘉隆的長房長孫後代，屬於太子景（Nguyễn Phúc Cảnh）嫡系系統，「阮福」是皇室的姓，「輝」是他的字輩。阿光說他的曾祖父是彊柢，他還親口背誦他們命名系統的排行字輩給許燦煌聽：「美麗英彊壯，聯輝發佩香」。阿光的祖父阮福壯炬屬於壯字輩，是彊柢次子，父親叫阮福聯平，屬於聯字輩，阿光則屬於輝字輩。

許燦煌聽到阿光驚人的身世，全身起了雞皮疙瘩，他之前渾然不知這位朝夕相處、擅長打法式開侖撞球（carom）、愛吃烤羊乳房（有點類似台灣厚版的豬頭皮），也愛喝酒的房東，竟然有皇室血統！專門收集越南皇室文件的他，結交了越南皇室後代好友，人生真是充滿驚喜。阿光出生於一九六四年沒見過曾祖父彊柢，但阿光的爸爸出生於一九三八年見過彊柢，就輩份而言，阿光的爸爸是彊柢的孫子，跟越南末代皇帝保大算是同輩。

一九九九年越南經濟尚未起飛，阿光已有能力帶著全家人來台灣找許燦煌玩，許燦煌帶著他在台灣四處觀光旅遊時，阿光應該不知道他的曾祖父彊柢一九三九年來過台灣，整整早他一甲子。二〇〇二年許燦煌結束越南事業，返台定居，等他想重新聯繫阿光時，才知道阿光一家人已移民美國，那時候沒有臉書，沒有社群軟體，兩人因而斷了音訊。

直到十七年後二〇一九年，ＢＢＣ越文網記者范高峰（Phạm Cao Phong）透過台大越文老師阮蓮香（Nguyễn Thị Liên Hương）的介紹，來台採訪許燦煌的越南文物收藏。范高峰撰寫許燦煌的文章被阿光友人看到，輾轉告知阿光夫婦，阿光太太跟范高峰拿到了許燦煌的聯絡方式，失聯已久的兩家人終於通上電話。

據許燦煌表示，阿光現在住在加州，阿光的爸媽住在胡志明市第七郡。前幾年阿光的大女兒跟一位美籍台裔男結婚，阿光嫁女時還來台灣辦了場喜宴。我聽到這裡，感覺彊梚這一脈五代人——從彊梚一九三九年來台開辦廣播、曾孫阿光與台商在一九九〇年代是拜把兄弟，到玄孫女嫁給美籍台裔男來台辦喜宴——他們跟台灣實在太有緣了，只能說台灣與越南的關係真是超乎想像的源遠流長，充滿耐人尋味的巧合與偶然。

二、期待台越影視主題

二〇一三年日本與越南慶祝建交四十週年，推出一部以史實為底、跨越時空的外交戲劇，在日本TBS電視台上映時名為《The Partner～愛しき百年の友へ～》，在越南VTV電視台則稱為 Người Cộng Sự，當時日本首相安倍晉三曾為此劇發表公開談話。

《The Partner～給摯愛的百年朋友～》劇情描述男主角鈴木哲也（東山紀之飾）是一位日商公司主管，他打算再婚的對象是一位越南女生名叫蓮，但他的女兒因思念死去的媽媽，非常排斥蓮。有一天，鈴木哲也帶著屬下前往越南河內談生意，結果越南人出了一道難題給他：除非鈴木哲也能夠找出藏在老照片裡的密碼，否則就不簽約，然後提示他一組關鍵字：潘（Phan）佩（Bội）珠（Châu）。

全劇就從這個引子開始，回溯到一百多年前，日本人淺羽佐喜太郎與越南人潘佩珠的真實歷史故事。日本明治時期有位醫生名叫淺羽佐喜太郎（東山紀之飾），無意間在海邊救了受傷的越南革命家潘佩珠（范黃東 Phạm Huỳnh Đông 飾），兩人後來成為好友。淺羽佐喜太郎極力幫助潘佩珠，希望讓越南人在日本能取得對抗法國殖民的資源，他面見當時日本議員犬養毅（武田鐵矢飾），促成了越南學生留日風潮的「東遊運動」，劇中也出現越南王子彊柢的角色，只不過戲份很少。隨著劇情推展，鈴木哲也終於解開謎底，順利與越南簽約做成生意，過程中他也讓女兒接納了越南繼母，結局大圓滿。

二〇一三年日本跟越南合拍紀念建交片，背後當然有彼此政治正確的考量。照理說，越南王子彊柢才是當年日越外交的主角，不過日本後來背棄了當時人在台北開辦廣播的彊柢，在史觀立場上頗為尷尬，因此選擇了潘佩珠這條故事線。我因此突發奇想，我們何不拍攝一齣越南王子與台灣攝影家的古裝戲劇，從台灣的視角敘述這段歷史完全沒有史觀尷尬的問題，而且相關古蹟建築都已經找好了，拍攝場景就在台北。

雖然台灣與越南目前沒有正式外交關係，不過我們可以從歷史脈絡尋找彼此最大公因數，拍攝出可以在兩國播映的高品質戲劇作品。過去台劇《流星花園》曾在越南掀起一股熱潮，近期《誰是被害者》、《火神的眼淚》也打入越南觀影排行榜，越南人其實很喜歡看台劇，而且越南擁有將近一億的收視市場，我們還有為數眾多、喊水會結凍的台商台幹，其中不乏真心熱愛台越雙方的人，如果能集眾人力量打造一支「台越國家影視音大隊」，把越南王子彊柢與台灣攝影師彭瑞麟的故事拍成戲劇或電影，也許會帶動可觀的產業動能也說不定。希望有一天，我們能端出國際題材的史詩作品，這才是台灣「心」南向政策接下來可以落實接軌的重點。

三、打造一條吸引越南旅客來台觀光的「王子之路」

經過上述抽絲剝繭的文獻與照片資料，我們可以歸納出二戰時期越南阮朝皇室畿外侯彊柢與越南語廣播隊在台北的主要活動區域，搭配目前保存下來同一時期相對應的台北日式建築古蹟，就能規劃成一條吸引越南人來台觀光的「王子之路」，由於相關景點台北市文化局已投入心力修繕整理，不太需要額外成本。這些具有意義的人文景點，復刻了時代的場景氛圍，蘊藏著越南旅客會感興趣的歷史連結與旅遊情懷，特別是整個大稻埕區域現已轉型為年輕人文創聚落基地，非常適合從故事行銷的角度來推廣國際觀光，成為吸引人口將近一億，深具人口紅利的越南遊客市場來台觀光的新亮點。

這段歷史不僅展示了台灣的國際化程度從日治時期就已奠定蓬勃發展的基礎，也見證台灣處於亞洲地緣關係的重要位置。透過越南王子彊柢與台灣攝影師彭瑞麟的故事，重新回望台灣的多嬌身影及多聲規格，希望全球疫情趨緩之後，台灣重啟國門，多角化的伸展城市外交、人文觀光、藝文影視等面向，成為新南向政策最溫暖動人的軟實力篇章。

一九四〇年越南王子在台北的足跡地圖

	當年地點	今日觀光景點
1	台北放送局（越南王子錄製廣播節目的地方）	**台北二二八紀念館** 地址：台北市中正區凱達格蘭大道三號
2	台北幸町一四七號（越南王子辦公室與廣播隊員宿舍）	**台灣文學基地** 地址：台北市中正區濟南路二段二十七號
3	台北御成町五丁目八十六號（越南王子的住所）	**玫瑰古蹟蔡瑞月舞蹈研究社** 地址：台北市中山區中山北路二段四十八巷十號

	當年地點	今日觀光景點
4	新北投（越南王子遊憩泡湯的地區）	**北投文物館** 地址：台北市北投區幽雅路三十二號
5	阿波羅寫真館（越南王子與彭瑞麟合照的地點）	**大稻埕森高砂咖啡館與天馬茶房** 地址：台北市大同區延平北路二段一號
6	蓬萊閣（越南王子與彭瑞麟吃飯的餐廳）	**賓王大飯店** 地址：台北市大同區南京西路一六三號
7	移靈專機（蔣介石是越南王子移靈專機提供者，也是他振武學校的學弟）	**中正紀念堂** 地址：台北市中正區中山南路二十一號

台北二二八紀念館

前身為台北放送局演奏所，一九四〇年代曾是越南王子進進出出、走上走下的廣播錄音地點。根據二二八紀念館網頁資料顯示，一九四七年因取締私菸衝突引爆全島抗爭的二二八事件，民眾為了能夠立即響應並快速動員，當時台北人衝進電台播音，透過麥克風把消息傳送出去。一九四九年國民政府撤退來台，這裡成為中國廣播公司，一九九六年基於這棟建築物在二二八事件中的重要性，正式更名為台北二二八紀念館。

台灣文學基地

前身為齊東詩社，坐落在台北市齊東街、濟南路的日式建築群，這一帶在一九二〇到一九四〇年間是日本高級文官宿舍的幸町地區，此建築空間可以讓我們想像越南王子當年在台北辦公以及越南語廣播隊員住在這兒的情景。根據台灣文學基地網站介紹，這裡是全台少數歷史建築保存最完整的區域，也是文化資產保存法第一批採用面狀保存的日式宿舍群，區內包含一幢市定古蹟及九幢歷史建築，不僅蘊含著豐富的在地故事及與市民經驗的聯結，更突顯台北市內碩果僅存的日式宿舍歷史群落活化與再利用的當代意義。

玫瑰古蹟蔡瑞月舞蹈研究社

位於中山北路二段西側雙連一帶，日治時期屬於台北市御成町五丁目區域，大約一九二五年前後台灣總督府在此建造了數十棟雙併式的木造建築作為日本人高級文官宿舍，當年越南王子與日籍太太就住在這附近的街廓，如今我們仍可看到蔡瑞月舞蹈研究社裡面保存的檜木建材、外牆雨淋板、日式黑瓦屋頂、室內塌塌米的日式懷舊風情。根據文化部國家文化資產網的介紹，今日中山北路一帶曾被稱為御成町，因為一九二三年裕仁皇太子到台灣視察時所立的御成碑而得名。

北投文物館

前身是建於一九二一年的北投佳山溫泉旅館，當時是北投地區最高級的溫泉旅館，位於新北投幽靜的山崖上，綠意環抱的庭園，可眺望對面的丹鳳山，當年越南王子與彭瑞麟曾經到北投遊憩在溪邊留下照片，這棟建築或可作為懂得泡湯文化的越南王子到北投旅遊的下榻地點。當時佳山溫泉旅館最高級房間擁有六疊榻榻米私人空間，一泊二食要價六圓。根據北投文史專家楊曄的研究顯示，佳山溫泉旅館當年由來自日本長崎的吉田菊枝女士家族所經營，現為全台灣碩果僅存最大的日式純木造二層建築，占地約八百坪，建築面積約三百坪。二戰後期這裡成為招待神風特攻隊少年出征的地方。

大稻埕森高砂咖啡館與天馬茶房

位於南京西路上，從建成圓環到延平北路這一區塊，在日治時期屬於太平町，一九三一年彭瑞麟開設阿波羅照相館的原址就在今日的森高砂咖啡館，一九三三年彭瑞麟將照相館搬到天馬茶房的隔壁，面對法主公廟，一九四〇年代越南王子以及越南語廣播隊員多次來到這個地方拍照，彭瑞麟也熱情接待，並留下數張合影紀念。根據森高砂咖啡館網站介紹，一九三一年畫家楊三郎的哥哥楊承基在這棟建築創立了「維特咖啡」，這也是第一間由台灣人開設的咖啡館，楊承基畢業於日本明治大學，曾任職「臺灣日日新報」記者，「維特」的命名就是源自《少年維特的煩惱》這本小說。一九五〇年代維特咖啡變成著名的「黑美人大酒家」，目前這棟建築為歷史古蹟，專賣台灣本土咖啡品牌。而天馬茶房由詹天馬（本名詹逢時）創立，這裡曾是日治時期文人知識分子與電影愛好者的聚會之地，同時也是二二八事件的引爆地點。

賓王大飯店

在日治時期是蓬萊閣原址，距離森高砂咖啡館與天馬茶房只有幾步之遙，也是越南王子與彭瑞麟一起吃飯的地方。目前這棟商業大樓外觀頗有舊時之感，一樓店門是集郵社與古玩區，三樓是旅館，四樓是餐廳，距離台北建成圓環很近。

中正紀念堂

是為了紀念蔣中正總統而建造的著名台北地標，蔣介石當年去日本留學，就讀東京振武學校，越南王子是高他兩屆的同校學長。越南王子在東京去世後，為了移靈回越南，越南高臺教教主范公稷特別跟蔣介石商借了一台專機，運送越南王子骨灰返越。根據中正紀念堂網站介紹，中正紀念堂造型仿北京天壇之頂，以及埃及金字塔之體，高聳威嚴，正廳置放蔣中正總統坐姿銅像，設有展覽室和放映室。紀念堂左右分列戲劇院與音樂廳，古色古香的中國宮殿式建築，莊嚴宏偉，成為國外旅客必訪之地。

圖片來源

頁二六　荷蘭東印度群島總督安東尼·范·迪門。圖片來源：維基百科。

頁三一　蔡廷蘭像，出自清代呂世宜繪《風塵萬里客圖》。圖片來源：維基百科。

頁三五　《臺灣日日新報》。圖片來源：國立台灣大學圖書館藏，《北投溫泉誌》，一九〇九年。

頁三九　越南王子畿外侯彊柢幼時的照片。照片來源：維基百科。

頁四〇　順化皇城舊照。照片來源：維基百科。

頁四三　彊柢與潘佩珠在日本時期的照片，約一九〇七年。照片來源：維基百科。

頁四七　越南民國光復軍發行的革命債券。圖片來源：維基百科。

頁四九　胡志明市的阮惠街。圖片來源：維基百科。

頁五一　法屬印度支那時期的軍警人員。圖片來源：維基百科。

頁五三　前日本首相犬養毅。照片來源：維基百科。

頁五六　潘佩珠。照片來源：維基百科。

頁五八　一九二八年日本報紙刊載了彊柢的報導文章。圖片來源：アジア歷史資料センター（原本所藏：外務省外交史料館）Ref.B02032273900。

頁六三　一九三二年的台北放送局。圖片來源：國立台灣大學圖書館藏，《臺灣事情昭和七年版》，一九三二。

頁六四　一九四〇年台灣總督府對華南及東南亞地區的海外廣播範圍圖。圖片來源：國立台灣大學圖書館藏，島進〈電波は躍進する〉，《臺灣遞信協會雜誌》一九四〇年三期，頁二六一。

頁六七　一九三九年台灣總督府發布越南語廣播隊員的名單、薪資等資料。圖片來源：國史館臺灣文獻館。

頁六八　台灣總督府核准的越南語廣播隊成員名單。圖片來源：國史館臺灣文獻館。

頁六九　台灣總督府記載越南王子彊柢的薪資。圖片來源：國史館臺灣文獻館。

頁七一 來台的越南語廣播隊成員。照片來源：彭瑞麟與我們的時代。

頁七一 越南復國同盟會青年與攝影師彭瑞麟。照片來源：彭瑞麟與我們的時代。

頁七六 彭瑞麟就讀台北師範學校時照片。照片來源：彭瑞麟與我們的時代。

頁七六 台北師範學校二年級的彭瑞麟與學長權印君畢業前的合影。照片來源：彭瑞麟與我們的時代。

頁七九 彭瑞麟與恩師石川欽一郎。照片來源：彭瑞麟與我們的時代。

頁八二 東京寫真專門學校，出自彭瑞麟的《東京寫專畢業紀念冊》。照片來源：彭瑞麟與我們的時代。

頁八三 小野隆太郎教授。照片來源：彭瑞麟與我們的時代。

頁八四 在東京寫專雪中的彭瑞麟。照片來源：彭瑞麟與我們的時代。

頁八五 彭瑞麟就讀東京寫專時的自拍肖像。照片來源：彭瑞麟與我們的時代。

頁八六 彭瑞麟東京寫專時期的自拍作品。照片來源：彭瑞麟與我們的時代。

頁八八 彭瑞麟在東京寫專二年級的得獎作品《靜物》。照片來源：彭瑞麟與我們的時代。

頁八九　一九三一年彭瑞麟在東京寫專時於日本宮內廳拍攝的內侍女官。照片來源：彭瑞麟與我們的時代。

頁九〇　呂玉葉。照片來源：彭瑞麟與我們的時代。

頁九三　阿波羅照相館外觀。照片來源：彭瑞麟與我們的時代。

頁九五　阿波羅照相館一樓櫥窗。照片來源：彭瑞麟與我們的時代。

頁九六　阿波羅寫場二樓往下拍攝大稻埕街道上的藝閣。照片來源：彭瑞麟與我們的時代。

頁九六　阿波羅照相館廣告。照片來源：彭瑞麟與我們的時代。

頁九八　彭瑞麟拍攝的女性肖像作品。照片來源：彭瑞麟與我們的時代。

頁九九　彭瑞麟拍攝的鏡前舞女。照片來源：彭瑞麟與我們的時代。

頁一〇〇　藍蔭鼎肖像。照片來源：彭瑞麟與我們的時代。

頁一〇三　彭瑞麟與學生攝於阿波羅照相館一樓內部。照片來源：彭瑞麟與我們的時代。

頁一〇四　彭瑞麟與合夥人兼結拜兄弟陳德明寫真研究所的學生於阿波羅照相館合

影。照片來源：彭瑞麟與我們的時代。

頁一〇四 彭瑞麟帶著阿波羅寫真研究所的學生於北投進行外拍練習時的合影。照片來源：彭瑞麟與我們的時代。

頁一〇六 《太魯閣之女》。照片來源：彭瑞麟與我們的時代。

頁一〇七 《台灣人士鑑》昭和二年版收錄彭瑞麟的簡介。照片來源：彭瑞麟與我們的時代。

頁一〇九 彭瑞麟穿著整套軍服於廣東省友人開設的照相館留影。照片來源：彭瑞麟與我們的時代。

頁一〇九 阿波羅照相館當年的紙袋。照片來源：彭瑞麟與我們的時代。

頁一一三 台北放送局。圖片來源：國立台灣大學圖書館藏，《昭和拾年臺灣博覽會記念編纂》，一九三五。

頁一一三 台北放送局內部「台湾唄の旅」全國放送。圖片來源：國立台灣大學圖書館藏，《始政四周年記念臺灣博覽會協贊會誌》，一九三九。

頁一一四 台北放送局的戶外喇叭亭。照片出自：文化部國家文化記憶庫。

頁一一六　梅屋敷。圖片來源：國立台灣大學圖書館藏，《常夏之臺灣》，一九二八。

頁一一八　彭瑞麟拍攝的彊柢、黃南雄、黎忠等越南人。照片來源：彭瑞麟與我們的時代。

頁一二〇　一九四〇年八月，照片中小男孩是彭瑞麟的長子彭良岷。照片來源：彭瑞麟與我們的時代。

頁一二三　一九四〇年二月，照片中著水手服童裝的小男孩彭良岷是彭瑞麟長子。照片來源：彭瑞麟與我們的時代。

頁一二四　彭瑞麟、陳希聖、姜鼎元、彊柢，攝於一九四〇年一月二五日新北投。照片來源：彭瑞麟與我們的時代。

頁一二五　越南人陳希聖與黃南雄。照片來源：彭瑞麟與我們的時代。

頁一二五　穿著越南傳統國服的彭瑞麟。照片來源：彭瑞麟與我們的時代。

頁一二六　彭瑞麟的越南語筆記本，因結交越南友人學習越南語。照片來源：彭瑞麟與我們的時代。

頁一二七 《越南志士獄中記》日文版。照片來源：彭瑞麟與我們的時代。

頁一二九 越南復國軍司令陳中立追悼會。照片來源：彭瑞麟與我們的時代。

頁一三〇 彭瑞麟拍攝的越南復國同盟會人物。照片來源：彭瑞麟與我們的時代。

頁一三〇 越南語廣播隊。照片來源：彭瑞麟與我們的時代。

頁一三一 越南建國紀念日活動。照片來源：彭瑞麟與我們的時代。

頁一三四 彭瑞麟與友人在蓬萊閣設宴的合影留念。照片來源：彭瑞麟與我們的時代。

頁一三七 彊柢夫婦、黃南雄夫婦以及攝影師彭瑞麟與妻兒在阿波羅寫場合影。照片來源：彭瑞麟與我們的時代。

頁一三八 彭瑞麟的妻兒與彊柢夫人安藤千枝合照。照片來源：彭瑞麟與我們的時代。

頁一三九 彊柢寄給彭瑞麟的明信片。照片來源：彭瑞麟與我們的時代。

頁一四〇 台灣總督府發布的彊柢（林德雄）辭令。圖片來源：國史館臺灣文獻館典藏號 00010341156X001，件林德雄（御用濟ニ付囑託ヲ解ク）。

頁一四三 高臺教於正午舉行的聖殿儀式，作者提供。

頁一五一 彭瑞麟親筆寫下他的三子彭良釗出生時有個越南義父名叫陳希聖。照片來源：彭瑞麟與我們的時代。

頁一五一 陳希聖肖像。照片來源：彭瑞麟與我們的時代。

頁一五九 彊柢與吳廷琰、吳廷俶兩兄弟合照。照片來源：彭瑞麟與我們的時代。

頁一六一 一九五二年月三日台灣中央社刊登彊柢移靈的新聞。照片來源：彭瑞麟與我們的時代。

頁一六二 《彊柢的革命生活》。

頁一六二 彊柢晚年照片。照片來源：維基百科。

頁一六四 黃南雄與彭瑞麟彭全家大小合影。照片來源：彭瑞麟與我們的時代。

頁一六五 黃南雄、彭瑞麟、姜欽城合影。照片來源：彭瑞麟與我們的時代。

頁一六九 一九五四年彭瑞麟拍攝的一家九口全家福。照片來源：彭瑞麟與我們的時代。

參考資料

中文部分

彭瑞麟與我們的時代資料庫，彭雅倫
彭瑞麟資料庫，彭雅倫
國史館數位檔案資料
中研院數位文化中心
國立公共資訊圖書館數位典藏服務網
文化部國家文化資料庫
客委會客家雲網站
台大圖書館舊照片資料庫
西貢故事館部落格，陳碧純

《海外出土的台灣玉及其卑南文化要素》，洪曉純、楊淑玲、阮金容、飯塚義之、Peter Bellwood，田野考古第十五卷第一期。

【開澎進士蔡廷蘭與《海南雜著》】，高啟進，陳益源，陳英俊，澎湖縣文化局，二〇〇五。

《東、西文化交錯下的小說生成：日治時期臺灣通俗小說對東亞／西洋小說的接受、移植與再造》，林以衡，二〇一一。

【群島之眼：《南進台灣》的轉向】，鄭文琦，《藝術認證》No.85，二〇一九。

〈電波は躍進する（放送今昔物語）〉，島進著，賴英泰譯，《台灣遞信協會雜誌》昭和十五年第三期，一九四〇年。

《帝國浮夢：日治時期日人作家的南方想像》，邱雅芳，聯經出版，二〇一七。

《回顧老台灣、展望新故鄉：台灣社會文化變遷學術研討會論文集》〈日治時期台灣廣播事業發展之過程〉何義麟，國立台灣師範大學歷史系，一九九九。

《台北放送局暨台灣廣播電台特展專輯》，高傳棋編著，台北市政府文化局，二〇〇八。

《台北放送局演奏所》，林小昇，福爾摩沙研究社網站。

《一九九八被歷史遺忘的台灣攝影先驅——彭瑞麟》，吳嘉寶，視丘攝影藝術學院網頁。

《台灣攝影簡史》，吳嘉寶，一九九三年香港、中港台兩岸三地攝影研討會香港藝術中心，視丘攝影藝術學院網頁。

【大師故事系列彭瑞麟】，簡永彬，夏門攝影企劃研究室臉書。

《凝視時代：日治時期臺灣的寫真館》，簡永彬、高志尊、林壽鎰、徐佑驊、吳奇浩、連克、郭立婷、郭怡棻、賴品蓉、凌宗魁，左岸文化，二〇一九。

《媒體科技與現代性—回溯三〇年代臺灣的廣播經驗與都會生活》，王淑美，新文學研究第一二七期，二〇一六。

《日據時期台灣外事日誌一、二》，王世慶，台灣文獻。

《攝影檔案與影像的現代性經驗：以一九三五年臺灣博覽會的照片展示、實踐與保存為起點》，陳佳琦，現代美術學報，二〇一七。

英文部分

The Encounter between the Dutch and Tamsui–Reconstructing the Dutch History of Fort Antonio, Walter Hellebrand.

The Spanish Experience in Taiwan 1626-1642: The Baroque Ending of a Renaissance Endeavour, José Eugenio Borao Mateo.

The Colonial 'civilizing Process' in Dutch Formosa: 1624–1662, Hsin-hui Chiu.

Overturned Chariot: The Autobiography of Phan-Boi-Chau, Phan Boi Chau (Author), Nicholas Wickenden (Translator).

A Vietnamese Royal Exile in Japan: Prince Cuong De (1882-1951), Tran My-Van.

Prince Cuong De (1882-1951) and His Quest for Vietnamese Independence, Tran My-Van.

The Vietnamese Phuc Quoc League and the 1940 Insurrection, Masaya Shiraishi.

Independence Movement in Vietnam and Japan during WWII, Tachikawa Kyoichi.

The Japanese period in Indochina and the coup of 9 March 1945, R.B. Smith.

Independence without Nationalists? The Japanese and Vietnamese Nationalism during the Japanese Period 1940-45, Kiyoko Kurusu Nitz.

Viêt Nam Exposé: French Scholarship on Twentieth-century Vietnamese Society, Gisèle Luce Bousquet and Pierre Brocheux.

Saigoneer Online

越文部分

Tăng Bạt Hổ - cánh tay đắc lực của phong trào Đông Du, Trần Minh Đức.

Dong Kinh Nghia Thuc, Nguyễn Hiến Lê.

Đôi điều về các thuyền nhân quí tộc tị nạn đời Lý, Vũ Ngọc Tiến.

Nguyễn An Ninh: Tôi chỉ làm cơn gió thổi , Nguyễn Thị Minh.

BBC News Tiếng Việt.

Thanh Niên Online.

Tuổi Trẻ Online.

Báo Pháp luật Online.
Báo VietNamNet Online.
VnExpress Online.

日文部分

「安南王国」の夢—ベトナム独立を支援した日本人，牧久。
クォン・デ—もう一人のラストエンペラー，森達也，角川書店二〇〇三。
ザーロン皇帝の末裔クオンデ四十年の亡命生活と日本，高山正之，ベトナムフエ観光局・植民地の日々，二〇二一年六月十五日閲覧。
アジア歴史資料センター

當越南王子走進彭瑞麟照相館：一張照片背後不為人知的台越歷史

作　　者　洪德青
選 書 人　張瑞芳
責任編輯　王正緯
校　　對　童霈文
版面構成　張靜怡
封面設計　廖勁智
行 銷 部　張瑞芳、段人涵
版 權 部　李季鴻、梁嘉真
總 編 輯　謝宜英
出 版 者　貓頭鷹出版

發 行 人　凃玉雲
發　　行　英屬蓋曼群島商家庭傳媒股份有限公司城邦分公司
104 台北市中山區民生東路二段 141 號 11 樓
畫撥帳號：19863813；戶名：書虫股份有限公司
城邦讀書花園：www.cite.com.tw　購書服務信箱：service@readingclub.com.tw
購書服務專線：02-2500-7718~9（週一至週五 09:30-12:30；13:30-18:00）
24 小時傳真專線：02-2500-1990~1
香港發行所　城邦（香港）出版集團／電話：852-2877-8606／傳真：852-2578-9337
馬新發行所　城邦（馬新）出版集團／電話：603-9056-3833／傳真：603-9057-6622
印 製 廠　中原造像股份有限公司
初　　版　2023 年 7 月
定　　價　新台幣 570 元／港幣 190 元（紙本書）
新台幣 399 元（電子書）
I S B N　978-986-262-641-2（紙本平裝）／ 978-986-262-644-3（電子書 EPUB）

讀者意見信箱　owl@cph.com.tw
投稿信箱　owl.book@gmail.com
貓頭鷹臉書　facebook.com/owlpublishing

【大量採購，請洽專線】(02) 2500-1919

城邦讀書花園
www.cite.com.tw

國家圖書館出版品預行編目資料

當越南王子走進彭瑞麟照相館：一張照片背後不為人知的台越歷史／洪德青著 . -- 初版 . -- 臺北市：貓頭鷹出版：英屬蓋曼群島商家庭傳媒股份有限公司城邦分公司發行 , 2023.07
面；　公分
ISBN 978-986-262-641-2（平裝）

1. CST：彭瑞麟　2. CST：傳記　3. CST：外交史
4. CST：中越關係　5. CST：越南

578.383　　112007461

本書採用品質穩定的紙張與無毒環保油墨印刷，以利讀者閱讀與典藏。